できる子が育つ
七田式親子あそび33

七田式主宰
株式会社しちだ・教育研究所代表
七田 厚

徳間書店

◉…イントロダクション

あなたの子どもを「天才」に育てる、親子で始める33のあそび

「できる子」、「できない子」は親しだい……というと、親御《おやご》さんは驚かれるかもしれません。しかし、それは、まぎれもない事実です。

あなたの子どもを含め、子どもはみんな天才です。みんなが等しく、もって生まれた無限の可能性を秘《ひ》めているのです。しかし、その無限の可能性も、育つがままに子どもを放《ほう》っておいたのでは、なかなかうまく開花できません。そこで、親御さんの登場となるわけです。

決して難しいことを子どもにさせようというのではありません。自分の子どもはのびのび育てたい、という親御さんの気持ちもよくわかります。親が無理やり強制して、子どもに何かをさせようとしても、子どもは素直に応じてくれませんし、たとえやってくれたとしても、長続きはしないでしょう。子どもが面白がって、自分から楽しんでやってくれる、これが重要なポイントです。

日常生活の中のちょっとした場面で、子どもがそれと気づかずに、参加する。しかも、効果てきめんのあそび。**本書では、親御さん、とくにお母さんがメインとなり、お子さんと一緒に家庭で簡単にできる33のあそびを紹介しました。どれも、楽しく、すぐできるものばかりで、お子さんは興味を持って参加してくれることでしょう。**

この33のあそびは、私の父であり、「七田式」右脳教育の創始者である七田眞《しちだまこと》の理論に基づいて開発されたもので、信頼して行なっていただけるものばかりです。

子ども、それも0〜6歳の乳幼児期は、無限の可能性を秘めた右脳が優位に働く〝人生の黄金期〟ともいえる時期です。その黄金期に右脳を刺激し、開かせることが天才を育てるのです。

もう一度、いいます。**あなたの子どもの中の「天才」を引き出すのは、親御さんである「あなた」しだいです。**始めるのに遅いということはありません。しかし、本書を読まれた親御さんは、早速、今日から始めていただきたいと思います。脳のしくみからいって、早ければ、早いほどいいのです。

まずは、お子さんと一緒に、お母さんが楽しんでやってください。お母さんの楽しさは子どもに伝わります。親子が笑顔で一緒になって行なう、これが基本です。

それでは、始めましょう。レッツ、スタート！

できる子が育つ　七田式　親子あそび33……◉目次

プロローグ　子どもの能力は親しだいでどんどん伸びる

第1部 子どもの『天才脳』をつくる33のあそび

■1 音感あそび ◉…鍛えられる能力▼「絶対音感」「識別力」「表現力」 22
■2 絵本の読み聞かせあそび ◉…鍛えられる能力▼「集中力」「想像力」「読解力」 26
■3 フラッシュカードあそび ◉…鍛えられる能力▼「瞬間記憶力」「識別力」「語彙力」 30
■4 色あそび ◉…鍛えられる能力▼「色の概念」「芸術的感性」「表現力」 34
■5 図形あそび ◉…鍛えられる能力▼「図形の概念」「想像力」「空間認識力」 38
■6 大小あそび ◉…鍛えられる能力▼「大小の概念」「順序の概念」「問題解決力」 42
■7 手先あそび ◉…鍛えられる能力▼「器用さ」「巧緻性」「集中力」 46
■8 スキンシップあそび ◉…鍛えられる能力▼「自己評価」「存在価値」「やる気」 50
■9 数あそび ◉…鍛えられる能力▼「数の概念」「イメージ力」「写真記憶力」 54
■10 量あそび ◉…鍛えられる能力▼「量の概念」「直感力」「分数の概念」 58
■11 五感刺激あそび ◉…鍛えられる能力▼「感じる力」「音感」「情緒の安定」 62

■12 写真記憶あそび ◉…鍛えられる能力▼「写真記憶力」「再現力」「速読力」 66
■13 積み木あそび ◉…鍛えられる能力▼「空間認識力」「情報処理力」「問題解決力」 70
■14 ESP(当てっこ)あそび ◉…鍛えられる能力▼「感じる力」「直感力」「触知力」 74
■15 パズルあそび ◉…鍛えられる能力▼「想像力」「推理力」「思考力」 78
■16 記憶あそび ◉…鍛えられる能力▼「想像力」「集中力」「記憶力」 82
■17 暗示あそび ◉…鍛えられる能力▼「セルフイメージ」「やる気」「こころ」 86
■18 イメトレあそび ◉…鍛えられる能力▼「表現力」「描写力」「作文力」 90
■19 連想あそび ◉…鍛えられる能力▼「拡散思考」「語彙力」「表現力」 94
■20 お絵描きあそび ◉…鍛えられる能力▼「筆圧」「運筆力」「表現力」 98
■21 迷路あそび ◉…鍛えられる能力▼「運筆力」「集中力」「情報処理力」 102
■22 自己紹介あそび ◉…鍛えられる能力▼「表現力」「説明力」「自己主張力」 106
■23 暗唱あそび ◉…鍛えられる能力▼「記憶力」「表現力」「理解力」 110
■24 俳句あそび ◉…鍛えられる能力▼「発想力」「表現力」「作文力」 114
■25 計算あそび ◉…鍛えられる能力▼「瞬発力」「集中力」「情報処理力」 118

■26 時計あそび ◉…鍛えられる能力▼「時の概念」「時間の感覚」「生活習慣」 122
■27 比較あそび ◉…鍛えられる能力▼「比較の概念」「観察力」「反対語の理解」 126
■28 順序あそび ◉…鍛えられる能力▼「順序の概念」「空間認識力」「座標の概念」 130
■29 お買い物あそび ◉…鍛えられる能力▼「お金の概念」「おつりの概念」「金銭感覚」 134
■30 間違い探しあそび ◉…鍛えられる能力▼「識別力」「観察力」「集中力」 138
■31 作文あそび ◉…鍛えられる能力▼「想像力」「表現力」「作文力」 142
■32 処理能力アップあそび ◉…鍛えられる能力▼「書く力」「計算力」「集中力」 146
■33 残像あそび ◉…鍛えられる能力▼「イメージ力」「集中力」「精神力」 150
Column 「暗示」の効果でやさしい女の子になった 154

第2部 「七田式」右脳教育とは

装幀◎杉本欣右
イラスト◎多田あゆ実
本文デザイン・DTP制作◎サッシイ・ファム
企画協力◎吉岡節夫（BRLM）
編集協力◎荻野守（オフィスON）

プロローグ

子どもの能力は親しだいでどんどん伸びる

子どもはみんな天才

「わが子の能力を最大限に伸ばしたい！」

親なら誰もがそう願っているはずです。しかし、「どうやって？」という方法がわからない。それが実情ではないでしょうか？　子どもの能力は、親のかかわり方しだいで、いくらでも伸びますので〝わからないまま〟にしておくなんて、もったいないと思いませんか。

では、「いつ」から「どう」かかわったらいいのでしょうか？　子どもの脳の吸収力は、赤ちゃんに近いほど高いといわれています。そう、持っている能力を伸ばすためのかかわりは、早ければ早いほどいいのです。

0歳から3歳までの吸収力がもっとも高い時期、そして、3歳から6歳までの素質を育てる時期は、とくに大切です。たとえば、ドレミ…を正確に聴《き》き分ける絶対音感が身につくのは、3歳から4歳ごろまでだとされていますし、言葉を憶《おぼ》える能力も、6歳くらいまでがいちばん高いとされているのです。

この時期に正しいかかわり方をすることが、子どもの持っている能力を育て、伸ばすことに直結します。もっといえば、天才を育てるカギになるのが、0歳から6歳までの、乳幼児期なのです。

天才と呼ばれる人たちに共通しているのは、左脳と右脳をバランスよく使うことができる、という点です。一般的に、わたしたちは左脳90%、右脳10%程度の比率で使っているといわれています。左脳に比べて、右脳の使われ方は圧倒的に少ないのです。

その原因は、右脳への働きかけ、つまり、右脳教育が十分に行なわれていないことにあります。しかし、左脳に働きかけるだけでは、持っている能力のせいぜい10%くらいしか引き出せないことが明らかになっています。左脳と同じように、右脳にも十分に働きかけてこそ、能力は全面的に開花するのです。まず、そのことを知っておいてください。

0歳児から始める五感教育

左脳と右脳にバランスよく働きかける。それが、0歳から6歳までのかかわり方の決め手です。具体的な例でお話ししましょう。

脳は、赤ちゃんとして生まれた瞬間から成長します。そこで必要なのが、外部からの刺激です。見たり、聞いたり、触《ふ》れたり……の五感への刺激によって、感覚回路が開きます。いわば、「入力」のための回路ができるわけです。

たとえば、言葉なら、親がたくさん語りかけることで、入力回路は充実していきます。言葉を使って豊かな表現ができるようになるかどうかは、この入力回路にかかっているといっていいでしょう。

入力回路がしっかり育ち、充実していると、自然に、運動回路である出力回路も育っていきます。出力回路というのは、言葉を話す回路です。つまり、語りかけで、言葉を受けとる回路の働きを高めておけば、話すほうの回路の働きも高まり、表現力も豊かになっていくのです。

読み聞かせの意味は、ここにあります。「まだ、意味もわからないのに…」と決めつけず、0歳から読み聞かせを始めましょう。できるだけ早い時期から「読み聞かせ」をすることが肝要《かんよう》です。これに尽《つ》きるといってもいいと思います。できれば、生まれる前、お母さんのおなかの中にいるとき（5ヵ月くらい）から始めるのがベストです。ご対面はまだでも、読み聞かせを通して、お母さんとのこころの触れ合いが生まれ、絆《きずな》が結ばれていきます。お母さんにとっても、読み聞かせのいいトレーニングにもなります。

さらに、大切なポイントは聞かせるだけで終わらせないこと。聞くという耳からの刺激だけでなく、見る刺激も合わせて与えたほうが、感覚回路を開くうえではるかに有効だからです。年齢に応じて、内容がわかりやすい絵本を繰り返し読み聞かせてあげましょう。**読み聞かせを、文字を見せること、読むことにつなげ、読む力を育てる。その流れの中で、言葉に対する能力は磨き上げられていくのです。**

なぜ、早ければ早いほどいいのか

幼児でいる間は、才能とか能力とかいうことにあまりとらわれず、のびのびと育ててあげたい。そんなふうに考えているお父さん、お母さんも、まだまだおられるようです。しかし、才能・能力というものには「逓減《ていげん》の法則」が働くということを知っているでしょうか？

逓減とは、時間が経過するのとともに、少しずつ減っていくという意味ですが、子どもが持っている才能や能力も、年齢が高まるにつれて、しだいに失われていくというのが、この法則なのです。

それによれば、0歳から6歳の時期がもっとも重要だとされています。才能や能力を伸ばすのは環境です。その時期に、どのような環境で育てるかによって、子どもの才能や能力の〝伸び〟が決まってしまうのです。それればかりでなく、性格や資質といったものも、この時期の働きかけによって、大きな影響を受けるといっていいでしょう。

さらにこまかくいえば、0歳に近ければ近いほど、可能性は広がります。つまり、いい子育て環境を与えるのに早すぎるということはないのです。IQの伸びをみても、6歳までは非常に顕著《けんちょ》ですが、6歳をすぎると一気に悪くなることがわかっています。

脳科学の分野でも、幼《おさな》いころから練習を重ねてきた（練習する環境を与えられてきた）、天才的な音楽家の脳は、神経細胞が増えていることが証明されています。それによって高度な技術が体得でき、また、発揮できるのです。これも才能の逓減の法則を証明するものでしょう。

知っておいていただきたいのは、のびのび育てることと、才能・能力を伸ばす環境を与えることは、決して矛盾《むじゅん》しないということです。**みずから伸びようとしている才能・能力は、伸びるにふさわしい環境を求めています。求めるものを与える。それが子どもとのかかわり、子育ての原点ではないでしょうか。**

自宅ですぐに始められる、子どもの『天才脳』をつくるあそびとは

本書は、親子が一緒になって、家庭で簡単にできる「右脳開発」あそびを紹介するものです。右脳教育理論に基づいて開発されたノウハウのエッセンスとなる33の方法を解説していきます。ここまで具体的に解説するのは、本書が初めてのことです。

近年、「0歳教育」、「天才脳」といった言葉や内容の紹介が、テレビ、雑誌、書籍…などで、注目を浴《あ》びているようですが、七田式理論はその先駆者《せんくしゃ》的な存在です。ここで、あらためてご紹介することで、七田式の特長とその効果を具体的に実感していただければと思います。

七田式の右脳教育については、第2部で詳しく述べますので、そちらをお読みいただくとして、なぜ、子育てにあたって、それほど右脳開発が重要かというこ

とについて、ここでは紹介しておきましょう。

脳には、右脳―左脳という機能のすみ分けがあり、三次元的な言語・計算脳といわれる左脳に対して、右脳は、より高次元的な、無限の可能性を秘《ひ》めているといわれています。その右脳は、乳幼児期の早い段階に優位に働き、やがて左脳への移行が始まり、6歳には左脳優位に頭が切り替わります。そのため、**左脳優位になる前に、右脳を積極的に開発することで、子どもの中にある「天才」を引き出そうというわけです。**

そうした子どもの中の「天才」を引き出すには、なりより「親子の一体感」がとても大切になります。「七田式」教育の基本は、子どもの心を育てることにあります。子どものこころを無視して、能力ばかりを引き出そうとしてもうまくいきません。親から子どもへしっかり愛情を伝え、親子の信頼関係を築くことで、子どものこころと頭はすくすく成長するのです。

子どもをすこやかに、しかも天才に育てるための、いちばんの教材は、お母さん、お父さんです。その意味から、**親が子どもと家庭で一緒にできることはいっ**

ぱいあります。本書のあそびは、その一助となるものです。

ただし、このあそびを始めるに当たっては、いくつか注意が必要です。まず、焦《あせ》らないことです。簡単なあそびといっても、最初はなかなか子どもが上手にできないこともあるでしょう。しかし、子育てはステップ・バイ・ステップ。一つひとつ積み上げていくものです。今日できなくても大丈夫。また明日、新たに取り組めばいいのです。繰り返し、繰り返し…は大切なこと。やがては、できるようになります。

それから子どもには、決してせかせたり、否定したりするような言葉を使わないということ。「さっさと…!」、「早く…!」、「なぜ、できないの?」は禁句です。子どもをいたずらに萎縮させたり、拒否反応を起こさせたりするだけです。百害あって一利なし、と心得ておきましょう。

それでは、次から、具体的に、親子が家庭で一緒になって簡単にできる、右脳開発のための33のあそびについて、みていくことにしましょう。

第1部

子どもの『天才脳』をつくる33のあそび

1 音感あそび

◆——鍛えられる能力
☑絶対音感　☑識別力　☑表現力

子どもは耳から言葉を聞き、覚え、自然に話すことができるようになりますが、「音」も、これとまったく同じです。小さなうちから「音」に接する環境を整えてあげることによって、良質な〝耳〟は育ちます。そこで、「音感あそび」です。

よい〝耳〟を育てるのは早ければ早いほどいいのです。まだ、おっぱい飲んで寝て、泣いて……を繰り返している赤ちゃんのころから、BGMに音楽を流しましょう。童謡などでももちろんいいのですが、できればバロック音楽やクラシックなど、楽器が奏《かな》でる音に接するのがベストです。

この時期に、どれだけたくさんの良質な音楽環境が与えられたかによって、「絶対音感」は育《はぐく》まれていきます。赤ちゃんは耳から入ってきた音を、右脳のイメージ力をフル回転させながらどんどんため込んでいます。部屋に音楽が流れる環境の中でスヤスヤと眠っている赤ちゃんを、そんなふうに見守ってみると、お母さんも楽しいですね。

右脳に入力した情報や刺激を、表現脳である左脳に移行し、表現する回路をつくるのは3歳以降です。楽器を習わせたいと考えるなら、この時期がスタートラインです。2歳ころから楽器に親しむ環境がつくってあげれば、よりスムーズにスタートすることができるでしょう。

音を身体で表現する「リトミック」も、子どもにとっては楽しいあそびになりますね。音を聞いて、イメージし、表現する。リトミックは音楽を通して、自己表現する楽しさを味わったり、音楽的センスを培うことを目指していますが、**とにかく楽しくやることが基本です。できれば、お母さんも一緒になって身体を動かし、楽しさを共有してください。**

楽器を習わせるのもリトミックを始めるのも、基本は子どもの興味。あくまでも子どもの様子に合わせて、無理をさせないことが大切です。「やらせなきゃ！」という思いが強すぎると、「音楽、きらい！」になってしまうかもしれませんから。

音感あそび

BGMに音楽を流しましょう。

ピアノなどの楽器がある家では、
積極的に活用します。

「リトミック」でお母さんと子どもが一緒になって、音楽を自己表現します。

楽器を習わせるのも一法。でも、「音楽、きらい！」にさせないためにも、無理じいはNGです。

2 絵本の読み聞かせあそび

鍛えられる能力
☑集中力 ☑想像力 ☑読解力

絵本の「読み聞かせあそび」は、子どもの大好きなあそびの一つです。夜寝る前の〝絵本タイム〟を習慣にしているご家庭は多いかもしれません。子どもが自分から絵本を持ってきて読んでもらうことをせがむといったこともあるでしょう。それは、読んでくれる人の愛情を感じているからです。

膝《ひざ》の上に乗せてもらったり、背中をトントンされながら〝語りかけられる〟感覚が、子どもは大好きです。いわゆるスキンシップ。絵本の「読み聞かせ」には、触《ふ》れ合うことで生まれる愛情確認という行為があるからこそ、子どもはその時間をとても心地よいものと感じるのです。気持ちのいいことは楽しいこと。子どもはそれを直感的に知っているのです。

楽しいことと「本」を結びつけるのが、愛情たっぷりの「読み聞かせ」です。

気持ちのいい〝音〟として耳に入ってきた〝言葉〟は自然と「語彙《ごい》」の蓄積につながります。語彙の蓄積がたくさんあれば、自分から言葉を発するときの、豊かな自己表現の基盤となり、また文章力や読解力にも、自然とつながります。

さらに、「速読」の下地ができるのもこの時期です。本を読むスピードが速いということはそれだけ、本から得る情報の理解、情報処理能力の精度が高まります。「読み聞かせ」はその基礎をつくる大切な要素になります。でもこの時期はあくまで、楽しく聞かせ、本好きにさせることがメインテーマです。

子どもが好きな本、読んでと持ってくる本を読んであげてください。10ページ程度の薄いもので十分。**文字は大きく、繰り返しのフレーズが多いものがベストです。ただし、1日1冊では絶対量が不足です。**目標は、1日のべ10冊。ポイントは子どもが開いたページを読んであげること。**物語を追う必要はありません。**「ここはもう読んだでしょ、だから次のページね」と読み手主導になってしまうと、子どもは楽しくありません。同じ本を繰り返し読んでほしがったり、表紙を見るだけで子どもが満足するなら、それでも十分なのです。

絵本の読み聞かせあそび

子どもが「読んでほしい」と
持ってくる本がいちばん!

“語りかける”感覚で読んであげましょう。そのとき、膝の上に乗せてあげたり、背中をトントンしてあげたり…の「スキンシップ」も大切です。

1日1冊では足りません。何冊も読んであげましょう。

子どもが「ここ!」といったら、そのページを読んであげましょう。さっき読んだページでもかまいません。

繰り返しのフレーズが多い本は、子どももつられて口にします。

3 フラッシュカードあそび

鍛えられる能力

☑瞬間記憶力　☑識別力　☑語彙力

絵や文字が描かれたカードをフラッシュ（閃光《せんこう》）のようにすばやく、大量に見せることによって、子どもの右脳のスイッチを入れ、活性化させるのが、「フラッシュカードあそび」です。右脳は高速で働くため、情報（刺激）も高速で与えることが最大のポイント。1枚のカードを見せる時間の目安は1秒以内です。また、大量に与えることで、右脳は情報を質の高いものとして定着させますから、一度に50枚から100枚、できれば200枚見せるのが理想です。この「高速&大量」という二つのキーワードは、必ず、頭に入れておいてください。

幼少時（とくに0~3歳）の子どもは右脳が優位の状態にあります。こんな経験はありませんか？　ついているテレビに関心を示さなかった子どもが、CMになったとたん、画面を食い入るように見つめた。画面の展開が速く、情報量も多いＣＭは右脳に働きかけます。それに興味を示すのは、子どもが右脳優位だということを証明しているようなものです。だからこそ、その時期にフラッシュカードで〝あそぶ〟ことが、大きな効果につながるのです。

使い方の注意点をいくつかあげておきます。カードの絵や文字が、指で隠れないようにめくっていくこと。全体が一つの情報ですから、一部でも隠れると正しい情報を与えることができません。

「絵（文字）」と「言葉」の情報は同時に与えること。たとえば、「りんご」といったあとに、「りんご」の絵を見せると、子どもは混乱します。目と耳から同時に情報が入ること、つまり、「りんご」という言葉を聞くと同時に、その絵を見ることが大事なのです。

それから、**固定観念にとらわれないこと。１歳の子どもに漢字のカードは難しいと考えるのが固定観念ですが、情報という点からすれば、「あいうえお」も「天真爛漫《てんしんらんまん》」も、子どもにとっては同じなのです。**大人の頭で難易度を判断しないということも、使い方の重要なポイントですね。

フラッシュカードあそび

「フラッシュカード」であそぶには、お母さんにちょっとした練習が必要です。

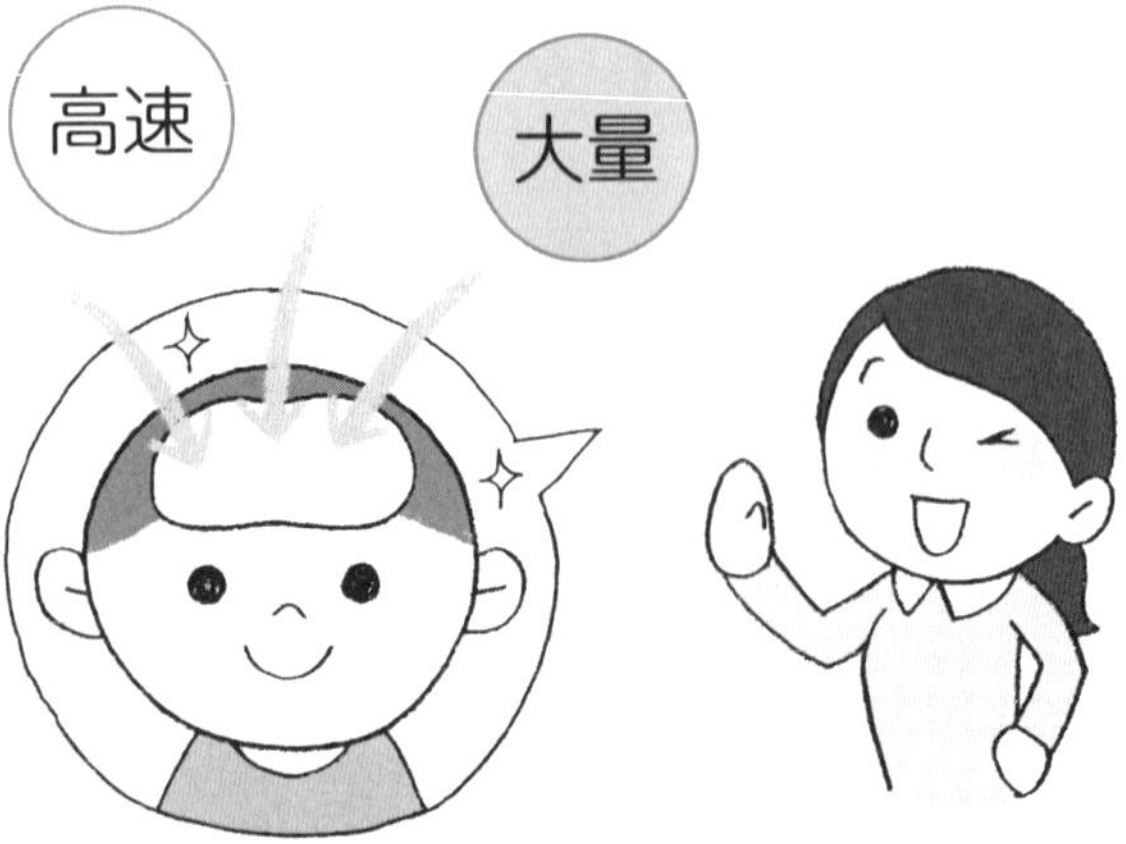

フラッシュカードの最大のポイントは、「高速&大量」です。

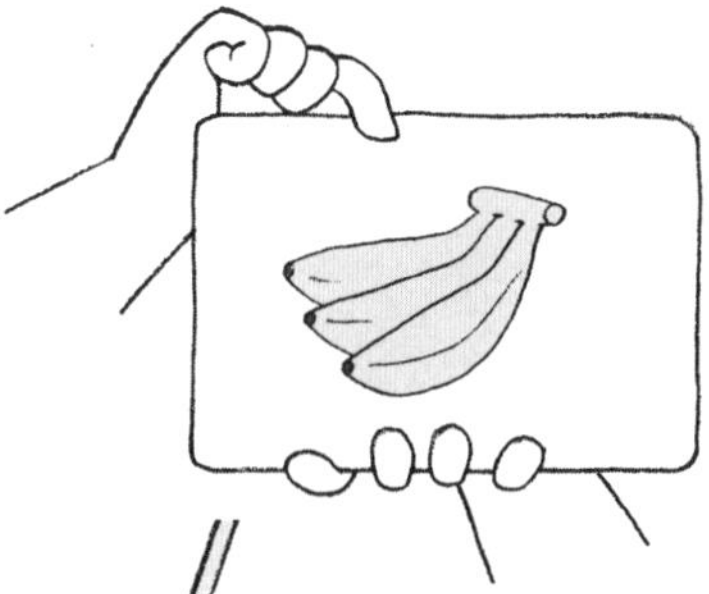

親指と人さし指と小指で三角形をつくり、3点で支えるようにして、カードを持ちます。

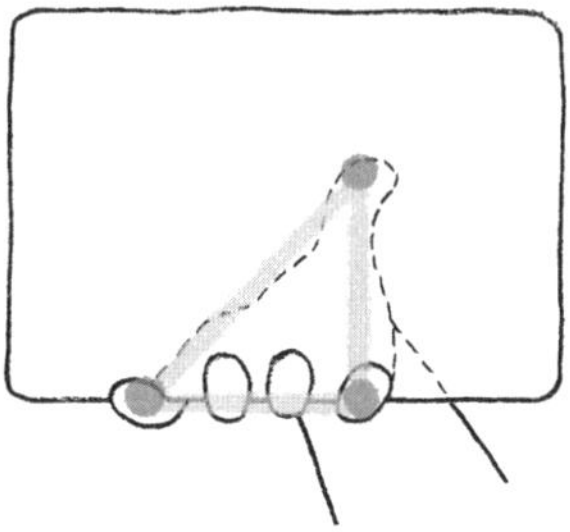

利き手でないほうの手で、カードを少しななめに持ちます。

利き手でカードを1枚ずつ、うしろから前へ次々に送っていきます。

1枚のカードを見せる時間の目安は1秒以内。

※フラッシュカードには、上記の基本形のほか、応用編として、うしろから前へ1枚ずつ送りながら、しかもそのオモテ面（絵）だけではなく、ウラ面（文字）も瞬時にめくって見せる「両面フラッシュ」という方法があります。

4 色あそび

◆鍛えられる能力
☑色の概念　☑芸術的感性　☑表現力

絵画《かいが》に描かれている微妙な色の違いまで見分けられる感性を育てるのが、この「色あそび」の最終目的です。まず、赤、青、黄という基本の色を認識できるようにしましょう。**わかる色が少し増えただけでも、感性はまったく違ってきます。**

容器に赤、青、黄色のボールを入れ、「〇〇くん（ちゃん）、赤をとって転《ころ》がそうか」と声をかけます。子どもが赤のボールをとったら、次は「青をとって〜」、「黄色をとって〜」と続けてください。

次はボールを同じ色のコップに入れるあそび。それができたら、ボールやコップを並べて、その中から「赤をとって」と特定の色を選ばせるあそびへと発展させていきます。基本色から始めて、最初の目標はクレヨンの12色がわかるレベル。できれば、24色まで挑戦しましょう。使うおもちゃはなんでもいいのですが、市販のおもちゃには原色でつくられているものが少ないので、〝教材〟選びには、ちょっと苦労するかもしれません。

また、ふだんの生活でも、家庭の中にある積み木やおもちゃ、本のカバー、壁掛け、調度品などを指して、「これ何色？」と聞くようにするといいですね。色に対する関心が高まりますし、色に興味を持つことは芸術的なセンスを培うことにつながっていきます。

実際に色をつくってみるのもいいですね。たとえば、ワインレッドの家具があったら、「この色は何色と何色を混ぜたのかな？ 赤っぽいから赤、それから、ちょっと青かな？」と語りかけ、「じゃあ、やってみようか」と絵の具でつくってみるのです。楽しいあそびになりますし、お母さんと一緒のそんな経験を通して、子どもの芸術的感性はどんどん磨かれていきます。

話したり、書いたりするのと同じように、描くのも表現方法の一つです。たくさんの色を知ったら、色を使って描くことに興味が向いていくのは自然の流れ。それが表現力の豊かさを育てることにもなります。

色あそび

色つきのボールを同じ色の容器に入れるあそびをしましょう。

特定の色を示して、子どもにその色を選ばせます。

実際に色をつくることで、子どもの芸術的感性も磨かれます。

鍛えられる能力
☑図形の概念 ☑想像力 ☑空間認識力

5 図形あそび

ものの形をいろいろな方向から見て、どのような要素でできているかを理解する能力をつけるためのあそびが、この「図形あそび」です。

0歳から3歳までの間に、基本10形〈丸（円）／三角／四角（正方形）／長《なが》四《し》角《かく》（長方形）／楕円《だえん》／星形／十字形／五角形／六角形／台形〉を徹底的に憶えてしまいましょう。

「丸はどぉれ？」ということから始めて、「お母さんがいう形をとってね。いい、まず、三角よ」などの語りかけをしながら、形と名称を定着させていきます。

そうしたあそびの中で、形の構成を教えていくことも大切。たとえば、丸は半円二つでできている、四角は三角形二つでできている、ということがわかるようなアプローチですね。四角を対角線で三角形二つに切って、「この三角二つで四角をつくってみよう」といった方法を試《こころ》みてください。

同時に日常生活でも図形を意識させる働きかけをしましょう。「うちの時計、ほら、まん丸だね～」、「テレビは長四角よ」、「お部屋の中にある、三角形のものを探してみようよ」……という具合です。

平面での図形が理解できたら、立体へと進みます。立方体、長方体、三角柱、四角柱などを見せ、触れさせながら、立体感覚を身につけさせましょう。ここでも形の構成が大事になります。立方体が六つの正方形からできていること、三角柱は二つの三角形と三つの長方形からできていること、などを理解させていきましょう。

形の構成を知ることは、立体を展開図として理解することにもつながっていきます。

小学校の受験では、「立方体の展開図として正しいものを選びなさい」といった問題が出題されますから、受験を視野に入れているのなら、この段階までカバーしておくことが必要になります。

図形あそび

「基本10 形」を徹底的に憶えさせましょう。

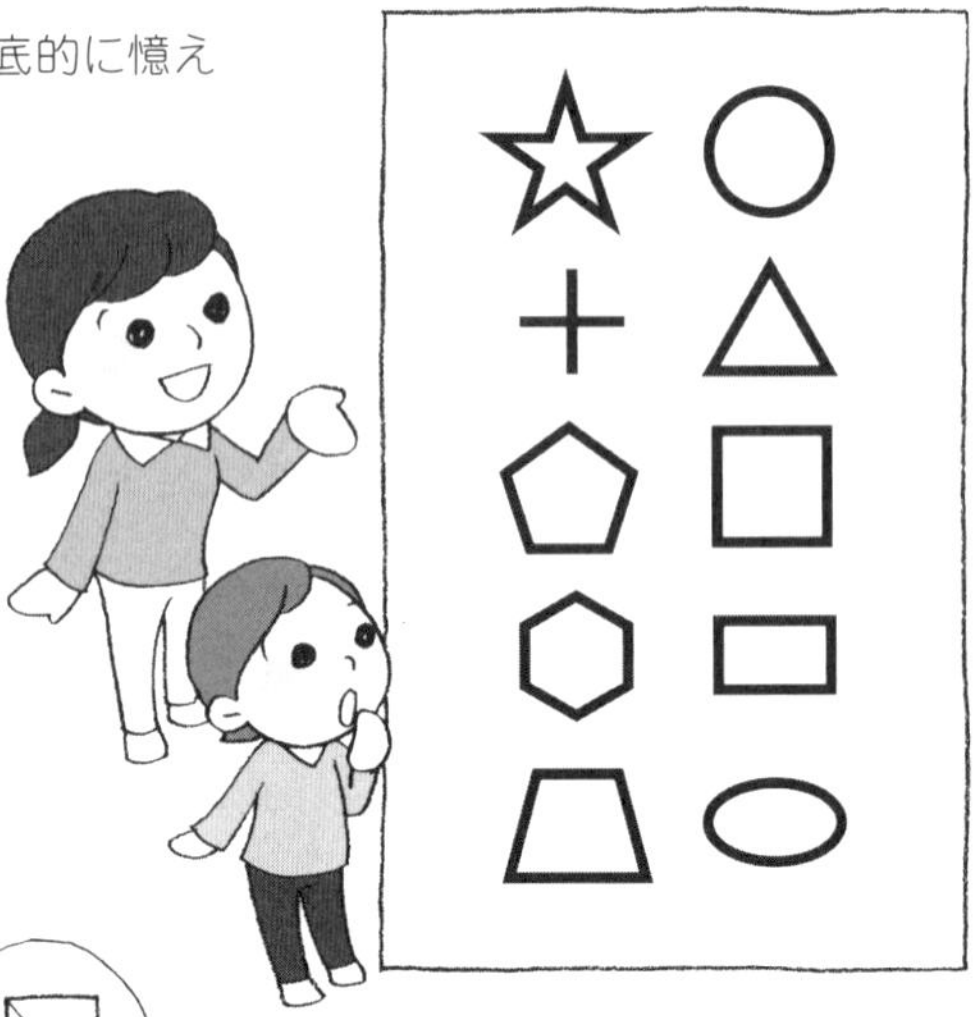

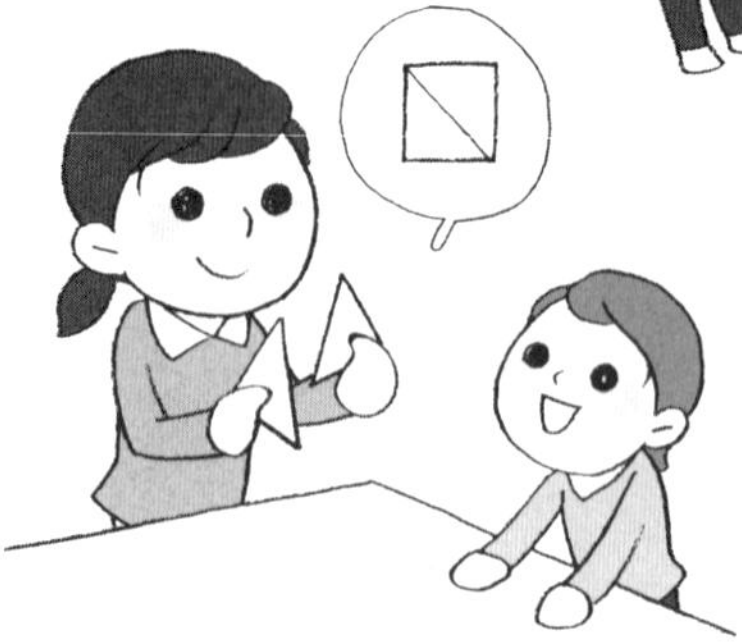

「丸」は半円が二つ、「四角」は三角形が二つなど、形の構成を教えていくことも大切。

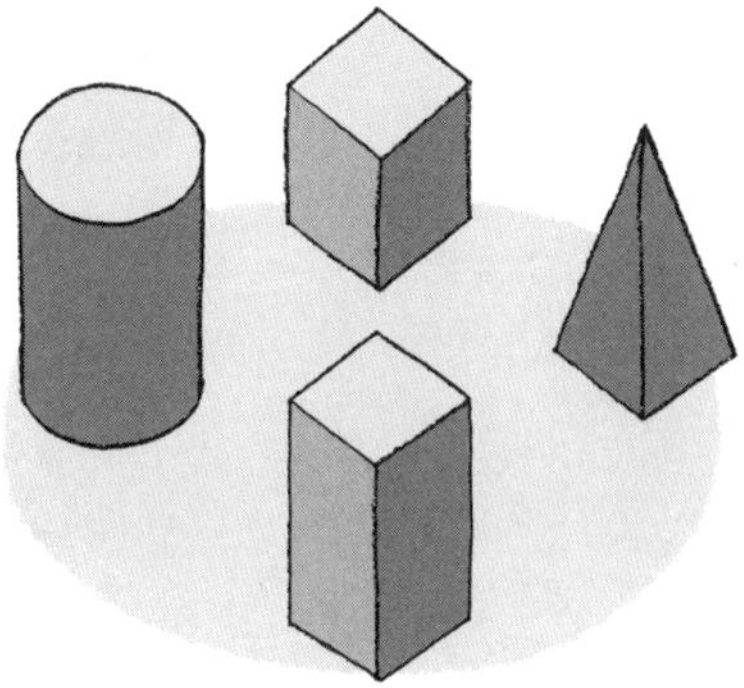

平面での図形が理解
できたら、立体へと進
みます。

日常生活でも、図形を
意識させます。

6 大小あそび

◆鍛えられる能力
☑大小の概念 ☑順序の概念 ☑問題解決力

ものの大小を認識させるのが、この「大小あそび」です。家の中にあるものを何でも使い、〝比較〟することによって教えます。たとえば、大小のボールを置いて、「大きいのはどっち?」、「小さいボールを持ってきて」といった具合。

最初は極端に大きさが違うものから始めるのがポイントです。

ぬいぐるみを使うと、おあそび感覚が増します。大きさの違うぬいぐるみをいくつか並べて、いろいろあそびを工夫しましょう。

「じゃあ、大きいほうから並べてみようか」

「お母さんにいちばん大きいぬいぐるみをちょうだい。○○くん（ちゃん）はいちばん小さいのをとってね」

「クマさんとウサギさん、どっちが大きいかなぁ?」

これを発展させて、たくさんあるものの中から、2番目に大きいもの、3番目に大きいものなども、正確にわかるようにしていきます。さらに、積み木やブロックなどを使って、微妙な大きさの違いが見分けられるようになる働きかけをしましょう。

また、大小は概念としてとらえることが必要ですから、実際にあるものを比べるだけではなく、絵本のゾウとアリを見て、どちらが大きいかがいえるようにすることも大切です。

ものの大小の認識は、右脳で視覚的にとらえることから始まり、左脳で大きい、小さいを判断する、というプロセスで行なわれます。その連携《れんけい》を促《うなが》すこの大小あそびは、右脳と左脳を結ぶパイプを太くするあそびにもなるので、小さいうちに十分にしておくことで、将来、ものを見ただけでさまざまな発想が広がったり、すぐれた問題解決能力が発揮できたりすることになります。

将来の優秀な脳の仕掛けをつくる。このあそびにはそんな要素があることも知っておいてください。

大小あそび

大小を意識させるあそびです。家の中にあるものを上手に使いましょう。

たくさんあるものの中から、2番目に大きいもの、3番目に大きいもの…などを比べさせてみましょう。

実際にあるのものだけではなく、たとえば絵本の中のゾウとアリを比べさせてみましょう。

7 手先あそび

鍛えられる能力

☑器用さ ☑巧緻性 ☑集中力

「第2の脳」と呼ばれる手や指は、人間の思考においても行動においても、重要な役割を担《にな》っています。その使い方の基礎づくりをするのが、「手先あそび」です。0歳からでもなぐり書きをさせましょう。大きな紙になぐり書きをすることで「持つ」感覚が培《つちか》われます。

また、**手全体でものをつかむところから始め、年齢に応じて指を使えるようにしていきましょう。**指は5本全部を使ってつまむ段階から4本、3本、2本と使う数を減らしていきます。手や指が自由に使えるということは、ハサミや鉛筆、お箸《はし》が持てることにつながります。目標は3歳くらいまでにそれらが使えるようになること。そのためには0歳、1歳のときにとにかく手や指を使うあそびをたくさんしておくことです。

ボールを使ったあそびも手指のトレーニングになります。ボールをつかんでビンの中に入れて、出す。これだけですが、繰り返しているうちに指先を使う感覚がわかってきます。

手指あそびには〝これでなくてはいけない〟ということはありません。それぞれの家庭で工夫することが大切。家庭で身近にあるものを利用して、さまざまな手指あそびができます。

たとえば、お母さんのエプロンでボタンをはめたり、はずしたりしてもいいし、どこかに使われているマジックテープをつけたり、はがしたりするのもいいですね。ひもと輪っかを使った「ひも通し」もいいトレーニングになります。

効果を上げるための鉄則は、子どもの成長（身体的機能の発達）に合わせて、あそびを工夫することです。ひも通しにしても、0歳の子どもに小さな輪っかは難しすぎますし、3歳の子どもに大きな輪っかではやさしすぎても足りません。日ごろの様子から〝できるレベル〟をきちんと見きわめて取り組ませる、ここは絶対に忘れてはいけないポイントです。

手先あそび

手全体でものをつかむところから始め、4本、3本、2本と、使う指の数を減らしていきます。

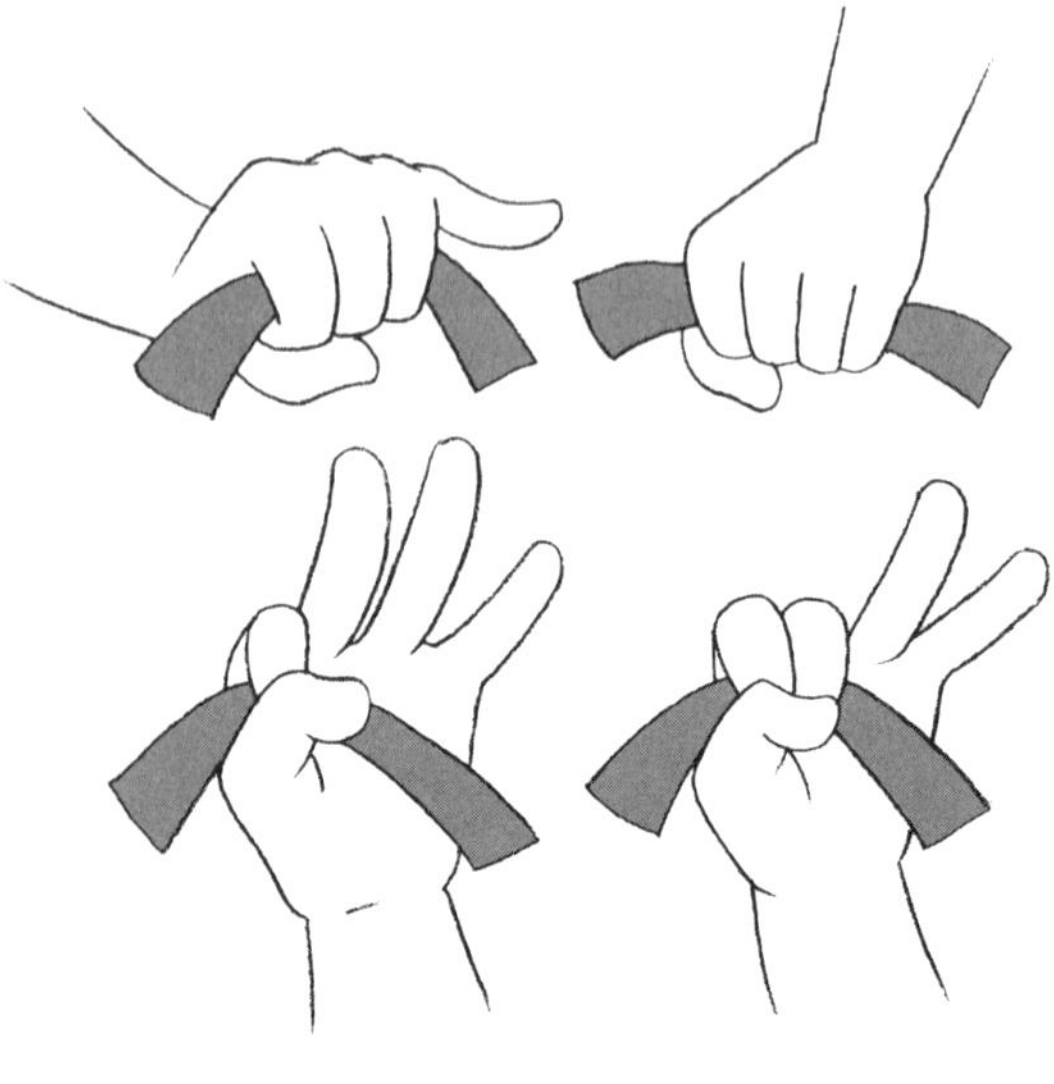

ボールをつかんでビンの中に入れて、出す。これだけで指先を使う感覚がわかってきます。

手や指が自由に使えるということは、ハサミや鉛筆、お箸が持てることにつながります。

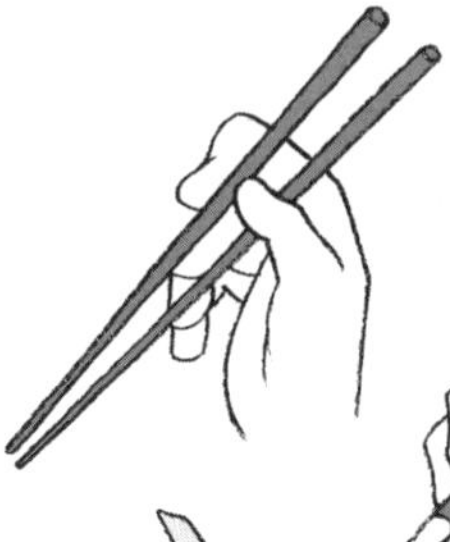

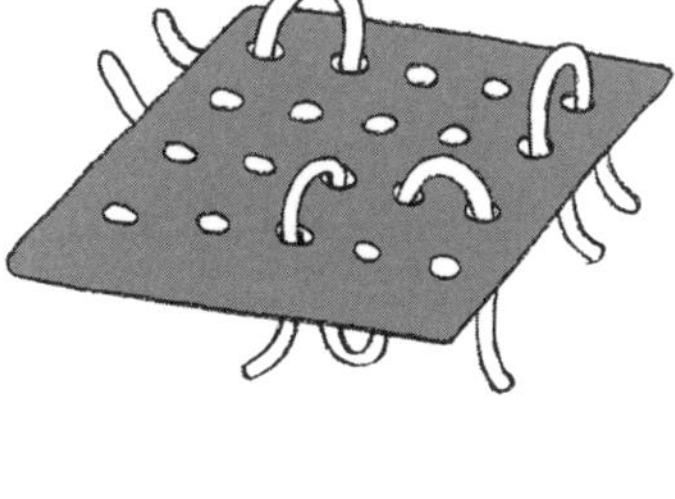

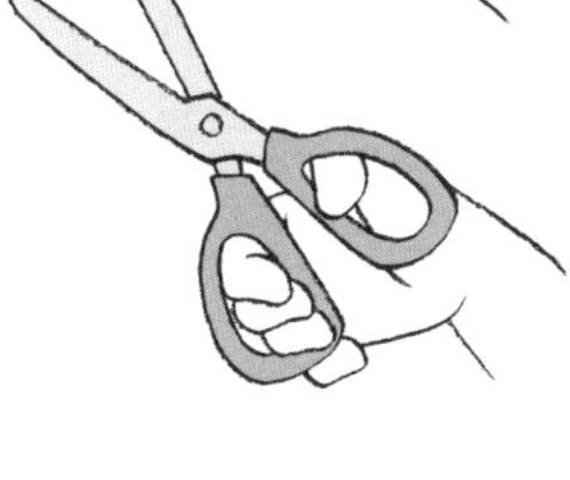

8 スキンシップあそび

鍛えられる能力
✓自己評価　✓存在価値　✓やる気

「三《み》つ子《ご》の魂《たましい》百まで」という言葉がありますが、この言葉はよくも悪くも、幼児期の子育てが大切だということを示唆《しさ》しています。

三つ子（3歳の子ども、転じて幼少時代の意味）の魂は、よい方向で育むことができたら、すばらしいことです。そのために絶対に必要なのが親の「愛情」です。**自分が愛されていることを実感している子どもは、安定したこころを持つことができます。すべてを受け入れてくれる愛情に包《つつ》まれ、守られていることで安心感を得ます。それらのすべては、〝自己容認〟されているという自信へとつながっていきます。**自分の存在価値を親から受ける愛情に見出《みいだ》していくのです。

子どもに愛情を伝えるには言葉をかけてあげることも大切ですが、それ以上に大切なのが、肌と肌が触れ合う「スキンシップあそび」でしょう。お母さんに抱きしめてもらったり、なでなでしてもらう感覚は、強ければ強いほど脳に情報として蓄えられます。右脳のイメージには、お母さんの温《ぬく》もりが「あったかい幸福感」としてインプットされていきます。

赤ちゃんのころはお母さんの手が子どもに触れないことはありませんね。でも、あんよが上手になり、自分のことは自分でしたいという自我が芽生《めば》え始めるころになると、徐々にスキンシップの時間は短くなっていきます。声がけもついつい厳《きび》しいものになったりします。「ダメでしょ!」「何度いったらわかるの!」という具合。そんな時期だからこそ、意図《いと》してスキンシップのシャワーをふりかけてあげてほしいものです。もちろん、理屈はいりません。ごく自然に抱きしめ、素直に声をかけてあげればいい。子どもはいつも、お母さんの温もりと、やさしい声が聞きたいのです。

出番はお母さんだけではありませんよ。子どもは、お父さんに認めてもらいたいと思っているので、お父さんは子どものすることをよく観察して、ささいなことでもいいので、子どもに「ほめ言葉」をかけてあげてくださいね。

スキンシップあそび

お母さんとのスキンシップは、子どもの脳に“自己容認”されているという自信を与えます。

愛されていることを実感した子どもは、安定したこころを持つことができます。

子どもにとって、お父さんのほめ言葉も大切ですよ。

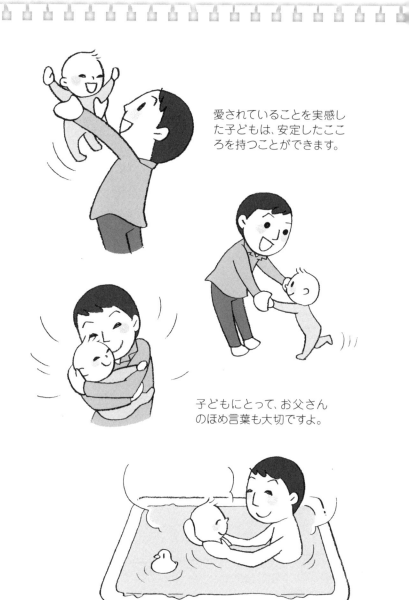

9

数あそび

鍛えられる能力

☑数の概念 ☑イメージ力 ☑写真記憶力

数に対する興味を持たせ、イメージ力、直感力、写真記憶力を高め、算数・数学の基礎センスを磨くのが「数あそび」です。それにはまず、〝ドッツカード〟といって、紙にたくさんの点（ドット）が、ランダムに描かれたカードを使います。点の数が違う2枚のカード（たとえば、39と34）を「39」、「34」と素早く見せ、「39はどっち？」と聞きます。

この目的は数を〝束《たば》〟として記憶させること。点を視覚的にとらえ、イメージで認識させるのです。右脳的なアプローチなので、「これは34、いい？　こっちは39。さあ、39はどっち？」といった左脳を働かせるような方法ではダメです。**考える余地のない、感覚でしかとらえられないスピードでカードを見せるのがポイント。繰り返すうちに、瞬間見ただけでどちらかがいい当てられるようになります。**

数の概念は「1～10」を理解させることから始めましょう。おもちゃやぬいぐるみを並べて、「いくつあるかな？　いち、に、さん…」と数をいいながら、一つずつ触っていきます。「ご（5）のクマさんは抱っこしてあげようね」など、あそびの要素をさらに加えると、いっそう楽しくなりますね。

「1～10」が理解できるようになったら、5玉、10玉、100玉などのそろばんを使って、数の「合成分解」にトライしましょう。5個の玉を使って、

「三つ数えるよ、1、2、3。あと二つあるから、全部で5個だね」

「3個と2個に分けるよ。3個と2個で5個だね」

そのように、そろばんという立体的で動くものを使って、ビジュアル的に情報を与えるのがポイント。プリントでは理解できなくても、こうしたあそびなら、5という数が3と2からできていることが、自然に頭に入っていきます。

10を1と9、2と8、3と7…に分けていったり、いろいろな数を合成分解してみてください。

そろばんの代わりに積み木を使っても、同じあそびができますよ。

数あそび

考える余地がない、感覚でしかとらえられないスピードで「ドッツカード」を見せて、瞬時に子どもに選ばせます。

数の概念は、「1から10」を理解させることから始めましょう。大きなそろばん（たとえば「百玉そろばん」）を使っての「合成分解」にトライしましょう。

10

量あそび

鍛えられる能力

☑量の概念　☑直感力　☑分数の概念

量の概念を身につけるのが、この「量あそび」です。色水《いろみず》を使いますが、絵の具などを溶《と》かして好きな色の水をつくるところから始めると、子どもも興味津々《しんしん》。「何色にしようか？　ピンクね。じゃあ、ピンクのお水をつくろう」と誘いかけましょう。

コップにつくった色水を、別のコップに移しながら、「こっちが多いね」、「こっちは少ないね」と量の多い／少ないを教えます。色水を全部移してしまって、「こっちは〝から〟になったね」というところも押さえましょう。いくつかのコップに色水を移して、「多い順に並べてみよう」、「3番目に多いのはどぉれ？」といった問いかけもしてみてください。

使うのが水ですから、キッチンを選ぶとか、こぼれてもいい環境をつくっておくのも、このあそびのポイントです。

粘土《ねんど》を使うのも有効。粘土をちぎって、「どっちの粘土が多い？」、「半分にちぎってみよう」などといってあそぶことで、確実に量の概念が身についていきます。

量の概念は分数につながっていきます。分数の計算でつまずく子どもは少なくありませんが、量あそびをしっかりしておけば、難なく理解できるようになります。**できれば、日常生活での体験と量あそびを結びつけることを考えたいですね。**

たとえば、おやつのときでも、「お姉ちゃんと半分こね。じゃあ、おんなじように分けるわよ」とか「3人いるから、三つに分けようね」などと語りかけて、ケーキを分ける場面を見せておくのです。

そんな体験があると、分数と取り組むときに、イメージが甦《よみがえ》ってくる。「2分の1？　そういえば、あのとき、お姉ちゃんとケーキを半分こしたな。そうか、2分の1って、半分このことなんだ！」

分数という抽象的な概念を、実体験に置き換えてシミュレーションすることができるようになりますよ。

量あそび

絵の具などを溶かして、「色水」をつくるところから始めると、子どもも興味津々。

コップに入った色水の一部をほかのコップに移しながら、コップ同士の色水の量の多い／少ないを教えます。

粘土をちぎって教えるのも一法。量の概念が「分数」に結びつきます。

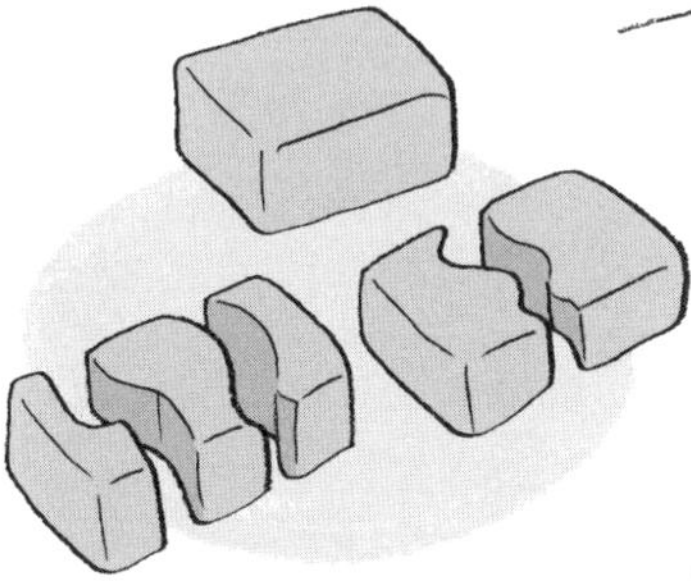

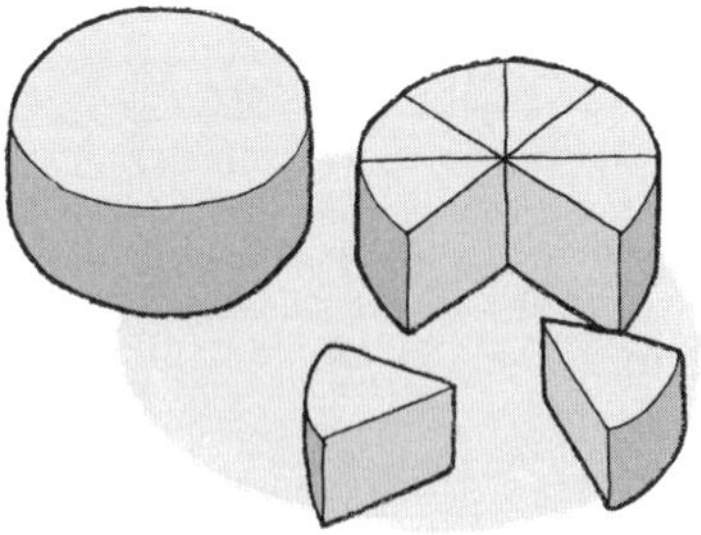

実際にケーキなどを分ける場面で、分数の概念がわかるようになります。

11 五感刺激あそび

◆──鍛えられる能力

☑感じる力 ☑音感 ☑情緒の安定

わたしたちは通常、「五感」を使って感じながら生きています。味覚は食事で日々経験していますし、視覚は目に映るものをつねに体験していますが、聴覚、触覚、嗅覚《きゅうかく》は、意図的に〝感じる〟ことをしないと、研《と》ぎ澄《す》まされるという領域には、なかなか到達することができません。**五感は誰もが持っている能力ですが、感度の〝質〟は、小さなころにいかにたくさんの刺激を受けたかにかかってきます。**

また、現実の五感は、〈14〉の「ESPあそび」（74ページ）と密接にリンクしています。現実の五感を通して、想像の五感（ESP）が研ぎ澄まされていくのです。

そこで、「五感刺激あそび」です。小さなうちはとにかく、たくさんの体験、経験をさせてあげてください。一緒に散歩したり、公園に行ったり、動物園に行ったり。「この子はまだ小さいから見てもわからない」などと思わず、美術館へ連れて行くのもいいでしょう。季節ごとの花の匂《にお》い、枯れ葉の感触、動物の動く姿、美術館の静寂……。右脳の五感はそれを感じ、確実に、現実の五感へとつながっていきます。

聴覚の刺激には、童謡やクラシックなど、いろいろな音を聞かせてあげましょう。たくさんの音の刺激は、絶対音感へとつながっていきます。他国語に触れるのも幼少期から。日本語は低周波数の言語ですから、大人になってからでは高い周波数の言語である英語やフランス語、中国語などにはなかなか馴染《なじ》めませんが、小さなうちから高い周波数に慣れている子どもなどは、語学習得が早いといわれています。この時期は、BGMとして流しておくだけでもいいのです。

また、ふわふわ、つるつる、ごつごつといった触感は、人間関係をあらわす感覚であるやわらかい、温かい、冷たい……といった〝感情〟につながっていきます。やわらかいぬいぐるみをはじめとして、いろんなものを触らせてください。もちろん、いちばんの触感はスキンシップ。お母さんのやわらかい手の感触や、お父さんのごつごつとしたたくましい感触に包まれた経験が多い子どもほど情緒が安定していますし、感情コントロールが上手にできることにもつながっていきます。

五感刺激あそび

自然の中で親と一緒に散歩することで、五感は確実に刺激されます。

お父さんのごつごつとしたたくましい感触は、子どもにとって不可欠。

動物との触れ合いも新鮮な驚き……。

美術館の静寂、さまざまな色彩の展示物は、子どもにとって異空間。

花の匂いは快く嗅覚を刺激します。

外で親と一緒にあそぶことが子どもは大好きです。

鍛えられる能力
☑写真記憶力 ☑再現力 ☑速読力

12 写真記憶あそび

記憶力はすべての学習の基礎となる能力といってよいでしょう。ただし、記憶といっても「質」はさまざまです。本を読むなど、左脳で言葉を理解することを通してつくられた記憶は、質的には劣《おと》り、すぐに忘れてしまいますが、右脳でイメージされた記憶は、質がよく、いつまでも鮮明で忘れることがありません。

七田式でいう記憶は、もちろん、イメージを使った記憶のことです。写真のようにイメージを焼きつけ、保存しておいて、必要なときにはいつでも再現できる。七田式では、この一連の流れをセットで記憶と考えています。

写真は瞬時に物事を画像としてとらえることができますが、記憶でも同じことが可能なのです。一瞬見ただけで、そのイメージを記憶してしまう。これを直観像と呼びます。

この能力は、右脳が優位にある幼少時に身につけてしまうのが、もっとも効率がよく、しかも効果的です。瞬時にイメージとしてとらえるためには、目の使い方も重要になりますが、この時期は「周辺視野」といって、一点に焦点を合わせるのではなく、全体をとらえる見方が得意なのです。成長するにしたがって、焦点を絞る見方が優位になっていきますから、それだけ身につけるのが難しくなるというわけです。

直観像を身につけるための「写真記憶あそび」でのポイントは、素早く見せて強い印象を与えることです。たとえば、果物《くだもの》が描いてある紙を一瞬だけ見せて、「何が描いてあった?」という要領で行ないます。「考えて↓理解する」時間を与えては意味がありません。

幼少時に身につけたこの能力は、もちろん、成長してからも必要なときにはいつでも引き出して活用することができます。本を読むのでも、文章を追うのではなく、ページ全体を記憶するといったことが、なんの苦労もなくできてしまうのです。

写真記憶あそび

七田式でいう記憶とは、イメージを使った記憶のこと。

写真のようにイメージを焼きつけ、保存しておいて、必要なときにいつでも再現できるようにしましょう。

素早く見せて強い印象を与えることがポイントです。子どもに「考えて→理解する」時間を与えては意味がありません。

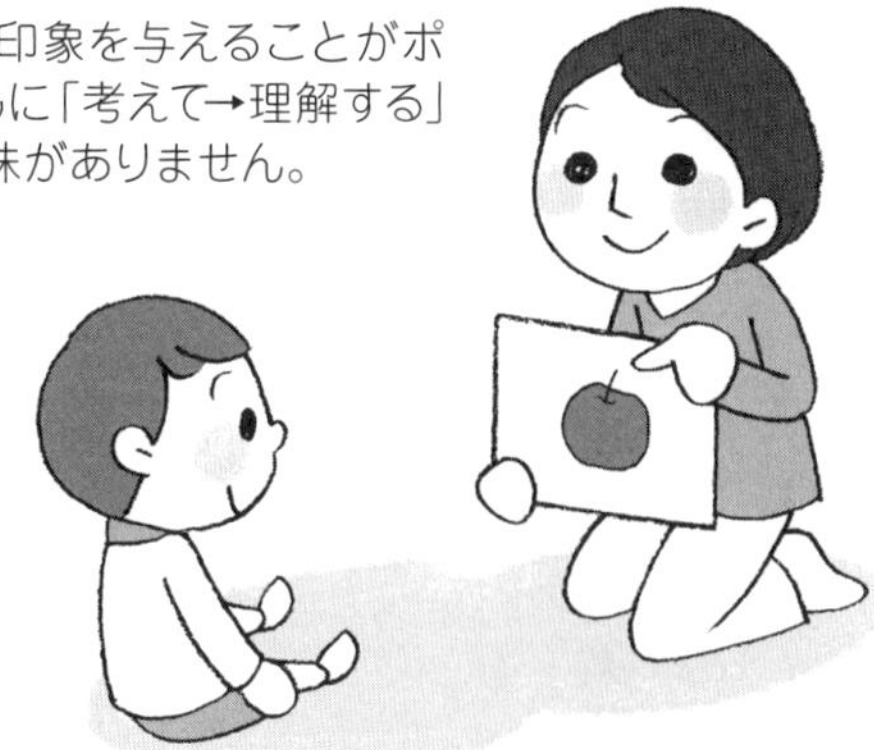

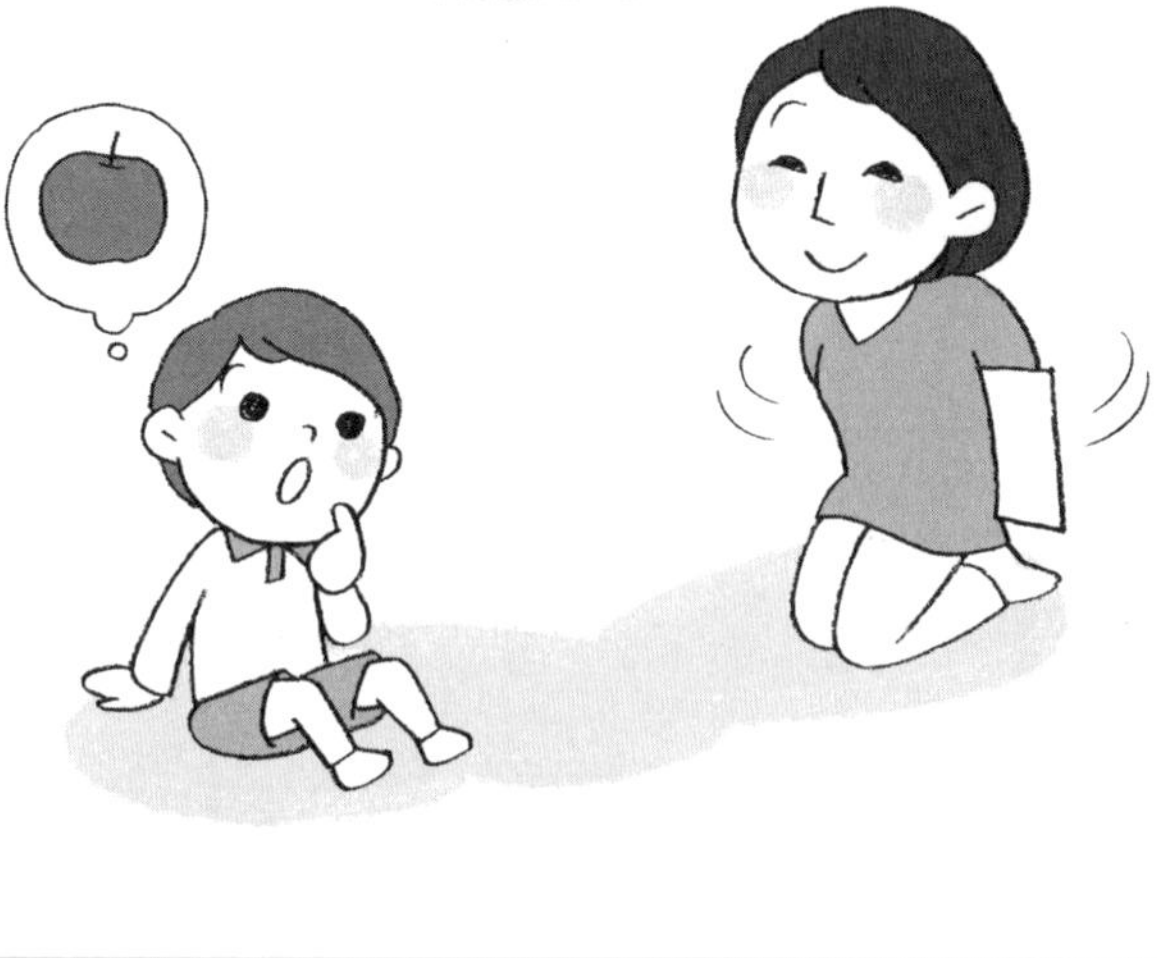

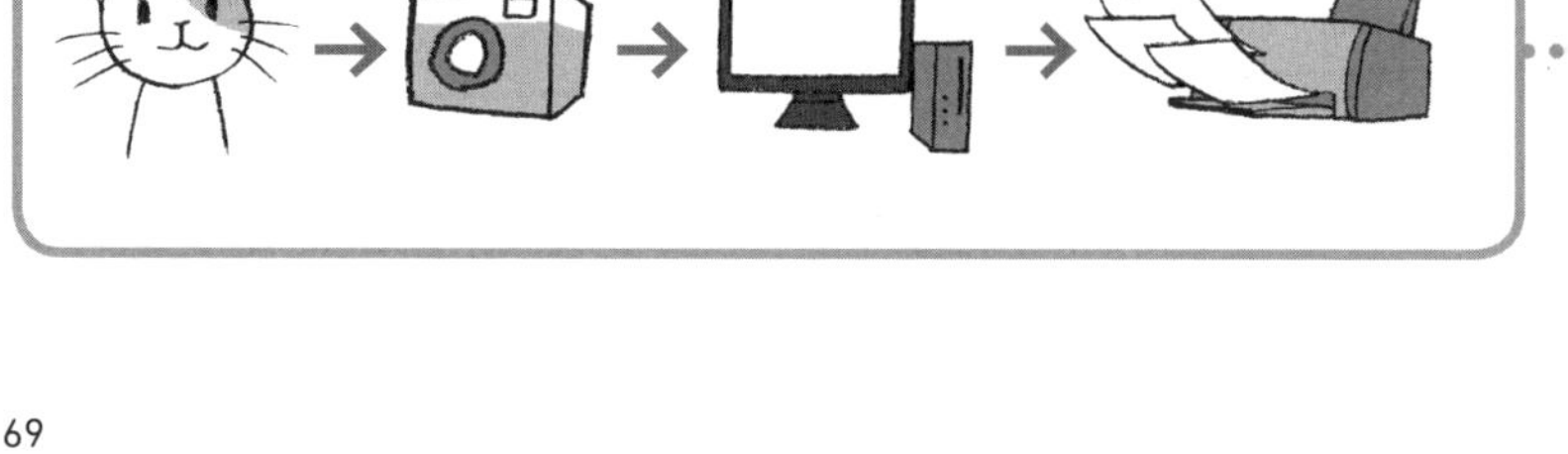

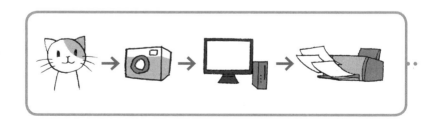

13

積み木あそび

鍛えられる能力

☑空間認識力 ☑情報処理力 ☑問題解決力

積《つ》み木は子どもに与えるおもちゃの代表格です。手指がうまく使えるようになると、積んだり、くずしたりしてあそぶようになります。とくにガラガラッとくずれる様子に子どもは大喜び。何度も繰り返してあそびますね。ここが「積み木あそび」のスタートライン。小さな時期はとにかく、積んではくずすあそびを繰り返しながら、積み木への興味を存分に高めてあげてください。

積み木に興味を持った子どもは、次につながる〝可能性〟にすんなり、移行することができます。**七田式では積み木あそびを、空間認識力を高めることに始まり、情報の処理能力を高めることにつなげていきます。そして最終的には、物事を多面的に捉える能力を育て、問題解決能力を培う素地づくりと考えています。**

「積み木とどう関連があるの？」と不思議に思うかもしれませんが、あそび方しだいでは、さまざまな可能性を広げることにつながっていくのです。

まず、「お母さんと同じものをつくってね」というあそび方から始めましょう。お母さんが積んだ積み木をじっくりと見せて、同じカタチをつくることができたら、「じょうずだね〜」とほめてあげてください。

次のステップは、積み木をよ〜く見せたあと、それを子どもの視線から遮《さえぎ》るあそび方。紙を1枚挟《はさ》み、同じカタチをつくるように促します。子どもにとっては、今、目の前にあったものが消えてなくなってしまうのですから、当然戸惑《とまど》いますね。そこで、お母さんのこんな声がけが生きてきます。「10数えたら消えちゃうから、よ〜く見ててね」という具合。子どもは「10数える間」に、せっせと目に映《うつ》る情報を処理していこうとします。もちろん、最初から同じカタチはつくれませんが、繰り返しあそんでいくうちに情報処理能力にも磨きがかかってきます。見せている時間を徐々に短くしていくのがポイントです。

0〜3歳の時期なら、色のついていないシンプルな積み木で、2個からスタート。最大6個までをクリアしていくつもりで取り組んでください。

積み木あそび

積み木は子どもに与えるおもちゃの代表格。「積んではくずし…」の繰り返しが、子どもの脳力を高めます。

「これと同じものをつくってね」と、絵を見せて子どもにつくらせましょう。それができるようになったら、まねる形をまず子どもに見せて、そのあと、すぐに隠して同じ形をつくらせましょう。

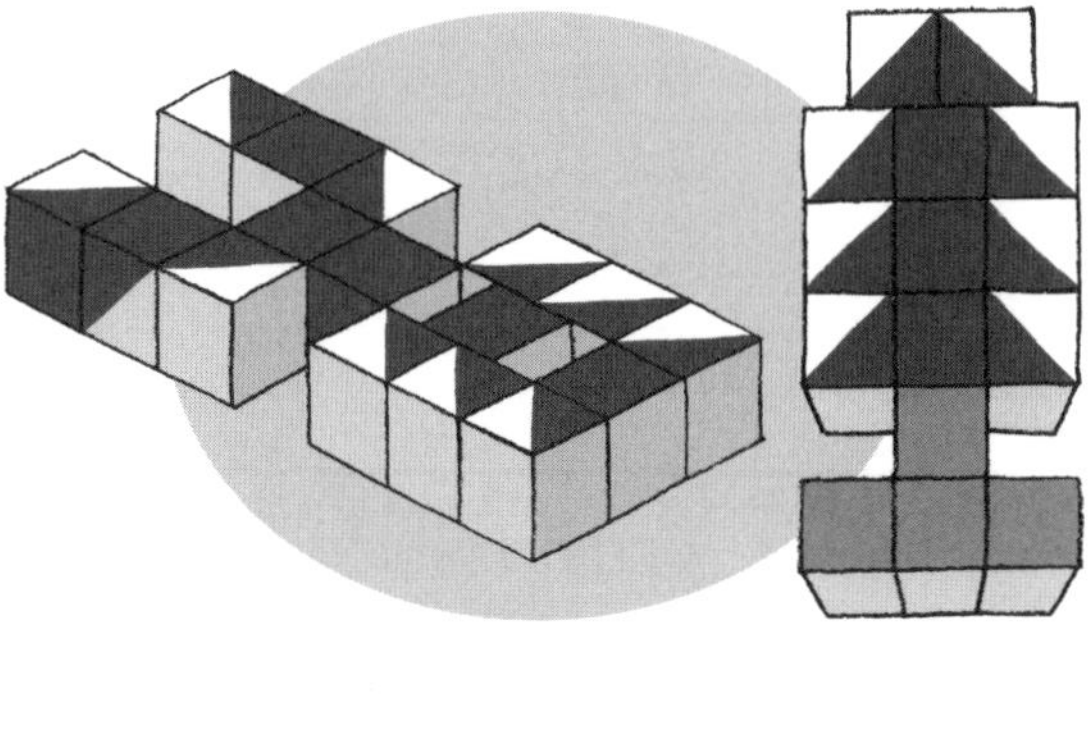

14

ESP（当てっこ）あそび

鍛えられる能力

☑感じる力　☑直感力　☑触知力

お母さんは片方の手の中に、たとえば小さなうさぎのぬいぐるみを握って隠して、子どもにこう問いかけてみてください。

「ウサちゃんは、どっちの手の中にいるかな～？」

子どもの目からは、ウサギのぬいぐるみがどちらの手に隠されているかは見えません。子どもは「う～ん、どっちかな？」と考えますね。このときに、フル稼働しているのが「右脳の五感」です。

「右脳の五感」は、簡単にいうなら、見えないものや、聞こえないものを「感じる力」のこと。この力を「Extra Sensory Perception」（超感覚知覚）の頭文字《かしら》をつなげて、「ＥＳＰ」と呼んでいます。この能力は本来誰もが持っています。

相手の気持ちを察したり、この人とは気が合いそうだと感じたり、瞬時に「直感」、

「ひらめき」を感じる経験をしたことはあると思いますが、それがまさにＥＳＰです。この能力は豊かであればあるほど、人の心をより理解したり、物事の本質を知ることにつながったりします。友だちづくりがスムーズにできるようになるのも、動植物を慈《いつく》しむ気持ちが芽生えるのも、ＥＳＰの能力が導きます。

「ＥＳＰあそび」は、〝見えないもの〟が対象ですから、家にいても外出しているときでも気軽にできます。たとえば、「お母さんがいま思っている〝色〟を当ててみて」とか、踏切の前で「今度の電車はどっちの方向から来るか、当ててっこしようか」といったふうに、さまざまなことを対象とすることができます。

「触る」という工夫を加えると、右脳の五感はもっと刺激されます。たとえば、赤いヒヨコ＝温かい感じ、青いヒヨコ＝冷たい感じというイメージを子どもに伝え、それを手の中に隠します。

「お母さんの手を触ってごらん。温かい感じがするのは、どっちかな？」。

繰り返し、繰り返し、あそんでいくうちに、テレビのチャンネルを合わせるように、驚くほど当たるようになっていくから不思議です。

ESP(当てっこ)あそび

赤いヒヨコと青いヒヨコを玉子型のケースに入れます。
どれがどっちに入っているかわからないように混ぜてから、子どもに一つのヒヨコを当てさせます。

片面にさまざまな形のマークが入ったカードを使います。裏返してシャッフルし、その中から一つのマークをお母さんが指定して、子どもに当てさせます。

15

パズルあそび

◆──鍛えられる能力

☑想像力　☑推理力　☑思考力

想像力や推理力、図形に対する感覚や思考力などを総合的に育てるのが、「パズルあそび」です。パズルを完成させるためには、全体の図形と一部（ピース）がどのような関係にあるのか、また、一部どうしがどのように組み合わされるのかを想像したり、考えたりする必要があります。右脳、左脳ということでいえば、**直観的に一部が全体のどこに当てはまるかを予想するのは右脳の働き、ピタリと合う組み合わせを見つけるのは左脳の働きといえます。そう、パズルあそびでは右脳も左脳も、バランスよく使われるのです。**

最初は、はずしたり、はめたりすることが簡単なつまみ付きのパズルから始めましょう。パズルというと、無の状態からはめさせることを考えがちですが、それでは子どもはなかなかのってきません。まず、完成した状態のパズルから一つか二つのピースを親がはずし、「さぁ、これはどこにピッタリかな?」といって、子どもにはめさせる、ここから始まることがポイントです。

パズルは子どもが興味を持っている絵柄《えがら》のものを選びましょう。興味はやる気につながります。形状はピースにある程度の厚みがあるものがベスト。1回でうまくはまらなくても、動かしているうちに「ポコッ」とはまるからです。

次の段階では、ピクチャーパズルにチャレンジです。ピース数の少ないものから徐々に増やしていきます。目安として、3歳くらいで9ピースを目指しましょう。

ここでのポイントは、子どもの自由な発想にまかせ、はめたいピースからはめさせてあげることです。大人は外側からはめていけば簡単なことがわかっていますから、「こっちからはめたほうがいいんじゃない?」といいたくなるものですが、それはよくありません。目的はパズルを完成させる〝技術〟を身につけることではないのです。「この形はここみたいだな」、「あれ、これじゃ合わない。横に向けたら合うかな?」といったふうに想像したり、考えたりする能力を育て、伸ばすのが、パズルあそびの目的。何より大切なのが、自由な発想です。

パズルあそび

最初は完成したパズルから、親が一つか二つのピースをはずして、「さあ、これはどこにピッタリかな？」と、子どもにはめさせることから始めましょう。

パズルの目的は、完成させる“技術”を身につけることではなく、子どもの「自由な発想」を鍛えることです。

16 記憶あそび

鍛えられる能力
☑想像力 ☑集中力 ☑記憶力

小さな子どもは、お母さんから絵本を読んでもらうことが好きだったり、いろんなお話をしてあげると喜んで聞いてくれたりしますね。この〝好き〟を活かして、質のよい記憶回路をつくる。このあそびはその準備として取り組んでください。**いちばんのポイントは、おもしろくて楽しいお話づくり。そう、お母さんの〝ワクワク〟がとても大切なあそびなんです。**

ものを順番に覚えさせるというとき、たとえば絵カードを見せて、「最初はりんごだよ」、「次はほら、バナナだよ」とやるのが通常のやり方だと思いますが、「記憶あそび」では、子どもがイメージしやすい、印象に残るようなお話をつくりましょう。

たとえば、「雨」、「交番」、「テニス」、「カスタネット」、「キュウリ」を順に覚えるとすると、「雨がた〜くさん降《ふ》っています」↓「雨と一緒に、交番が降ってきました」→「交番の中をのぞいてみると、元気よくテニスをしているお巡《まわ》りさんがいます」→「よく見ると、手に持っているのは、テニスのラケットじゃなくて、カスタネットだね」→「お巡りさんは運動をしておなかがすいたので、大きな大きなキュウリを一口で食べてしまいました」という具合。

お話づくりは、インパクトのある内容でコンパクトにまとめること。常識にとらわれないほうが、子どもの記憶に強く残ります。そして、お話が終わったら、カードを裏返して、「このカードは何だったかな?」と聞いてみましょう。子どもの頭の中では、お母さんのおもしろくて楽しい話がつながっていますから、カードを裏返しても覚えていられます。

この「覚えていられる」時間を、明日へ、さらに1週間後へつなげていくのが、このあそびの最大の目的です。最初は2枚程度から。覚えたら10枚20枚と増やしていきます。不思議なことに、繰り返しあそんでいくうち、お話がなくても、記憶する回路ができ上がってきます。単語だけで覚えることができるようになるのです。これは記憶の回路が良質になった証拠です。

記憶あそび

子どもは絵本が大好き。その"好き"を上手に「記憶あそび」に結びつけましょう。

絵カードを使って記憶あそびをするとき、子どもが記憶しやすいようなインパクトのある内容の話をつくって、順にめくっていきます。

子どもは「お巡りさんが大きな大きなキュウリを食べました」という話を思い出して、「キュウリ!」と答えてくれるでしょう。

17 暗示あそび

鍛えられる能力

☑セルフイメージ ☑やる気 ☑こころ

子どもの「こころ」が育つ原点は、親のかかわり方にあります。十分にスキンシップをし、愛情を注《そそ》ぐことができれば、子どもは親の愛情を確認しながら、すくすくと育つことができるでしょう。

でも、子育てはそう簡単にいきません。そう感じているお母さんは多いのではないでしょうか。いけないことをすれば「ダメでしょ!」、「早くしなさい!」、「グズグズしないの!」、「もう、なんでいわれた通りにできないの!」……など、子どもを叱責《しっせき》する言葉ばかりが口をついて出てきているかもしれませんね。ときにその叱責は、親の感情のはけ口になっているときもあるのでは?

お母さんが子どもにかけるバッドワード(よくない言葉)は「早く!」、「ダメ」が不動の1位、2位を占めています。この言葉がけが子どものこころに影響しないわけはありませんね。マイナスの言葉をかけ続けられれば、子どもでなくても萎縮《いしゅく》したり、反発したりしたくなります。この意識は〝潜在意識〟となって、深く子どものこころに住み着いて、マイナスのセルフイメージをつくってしまうのです。

「わたし（ぼく）はできない子なんだ、ダメな子なんだ……」

子どもは成長過程にあります。早くできないことがあって当然。グズグズしているように見えるのは、親の勝手な都合を優先しているからかもしれませんよね。

子どもは親からかけられた言葉をそのまま吸収し、活用していきます。だからこそ、潜在意識がポジティブ（前向き）になる言葉がけが、とても大切なのです。

「○○ちゃん、じょうずに靴がはけたね～」

「○○ちゃん、きれいにお片づけができたね～」

「○○ちゃん、よ～くがんばったよ！」

こんな言葉をかけられ続けた子どもは、上手な自分、きれいにできる自分、頑張れる自分、というセルフイメージをつくることができます。この「暗示あそび」をすることで、やる気、充実感のあるこころに育つ素地をつくっていくのです。

暗示あそび

子どもは親からかけられた言葉をそのまま吸収し、活用していきます。

子どもの潜在意識がポジティブになる言葉がけがとても大切です。

子どもは“できる自分”というセルフイメージをつくることができます。

「早く!」や「ダメ」のバッドワードが子どもを萎縮させたり、反発させたりします。

18

イメトレあそび

◆――鍛えられる能力

☑表現力 ☑描写力 ☑作文力

右脳の潜在的な能力を引き出すための〝動力〟となるのが、この「イメトレ（イメージトレーニング）あそび」です。大人でいうなら、「メンタルトレーニング」のこと。自分の夢や目標を実現するために、「視覚化」という手法を使ってイメージを高めるということをやります。たとえばマラソン選手などは、自らがゴールした瞬間をビジュアル化（視覚化）するトレーニングを取り入れていますが、思い描いたそのイメージが実際に現実になるということはよくあります。このあそびは、それと同じと考えていいでしょう。

この時期の子どものイメージを活性化するには「ごっこあそび」がとても有効です。最初は〝形態模写〟的なあそびから始めてみましょう。童謡《どうよう》をかけながら、「ちょうになってみようか?」、「ぞうさんにも、なれるかな〜?」と、身体を動かして、お母さんも一緒にやると楽しいですね。丸い道具があったら、ハンドルに見たてて、「あれれ、運転手さんだね」と声がけしながらあそんであげてください。「ままごと」もイメトレあそびになります。「にんじんを切ってね、トントントン」、「ジュージュー炒《いた》めま〜す」、「さあ、できたかな?」といった具合に、ごっこあそびは、どんなことも〝題材〟にできます。

ごっこあそびで大切なのは、ただ楽しいあそびに終わらせないこと。イメージを引き出すように、五感に訴えるような声がけを、お母さんはたくさんしてあげてください。たとえば、「ちょうになって、どんな感じだった?」、「炒めたにんじんは、おいしい?」といった具合です。

この声がけは、じつは後々とても重要な意味を持ってきます。頭の中で思い描いたものを、実際に「実《じつ》」にするための誘導だからです。思い描いたことを絵に描く、文字にする……などのアウトプットの回路づくりの基礎になります。

ごっこ遊びをスタートに、「想像」から「実」へと、段階を踏んでイメージ力をアップさせていきましょう。

イメトレあそび

童謡などをBGMにして、子どもと一緒に身体を動かして、“形態模写”をしてみましょう。

五感に訴えるように、「ハンドルでクルマが運転できるね」、「いま食べた料理は、どんな味がする?」などと声がけしてあげてください。「想像」から「実」への練習です。

19 連想あそび

◆鍛えられる能力　☑拡散思考　☑語彙力　☑表現力

「しりとり」は子どもにとってはワクワクするあそびの一つですね。「りんご」→「ごま」→「まり」→「りんご」……、しりとりあそびを始めたばかりのころは、同じ単語を繰り返してしまったり、「ん」で終わったりもしますが、語彙《ごい》が増えてくるうちに、つっかえつっかえでも、しだいにたくさんの単語をつなげていけるようになります。

ここで取り上げる「連想あそび」は、しりとりあそびやクロスワードパズルと同様に、「語彙」の獲得を目的としたあそびです。七田式では3歳までに3600語を目指します。この数は一般的な語彙獲得数の約4倍です。多いと思いますか？　いえいえ、決してそんなことはないんですよ。

子どもは体験したことや絵本で読んでもらったこと、お話として聞いたことから、頭の中にたくさんの言葉＝語彙を蓄積しています。小さなうちはそれが〝言葉〟として出てこないだけ。言いたいことはいっぱいあるのに、「う〜んとね、あのね〜」と、頭の中にあることがまだうまくいえないのです。子ども自身も、ちょっともどかしげですよね。

見聞きしたことを言葉として「話す」回路を開く。「連想あそび」は、子どもが保有していた言葉を、実際に活用するためにとても有効なあそびです。このあそびをたくさんすることによって、表現力も豊かになり、ひいては、読解力にもつながっていきます。

たとえば「海」という言葉から、いろんな連想をしてあそんでみましょう。

「〇〇くん（ちゃん）は、海と聞いて、どんなことが思い浮かぶ？」

子どもは頭の中でさまざまな〝連想〟を巡《めぐ》らせます。「海は砂浜」、「海は夏（に行く）」、「海は青い」……といった具合に、体験したことや絵本で読んでもらったこと、お話として聞いたことなどから言葉を連想していきます。最初は名詞から。しだいに形容詞も増やしていきましょう。

連想あそび

最初は「海→船」のように、答えは名詞から。

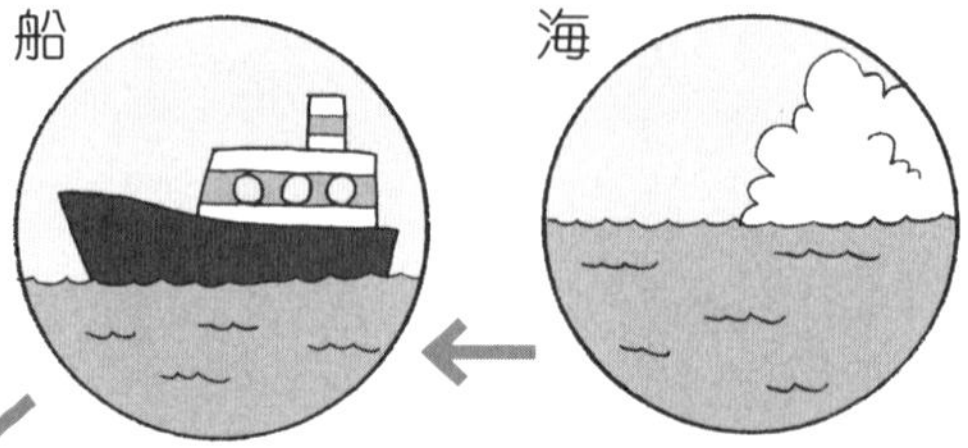

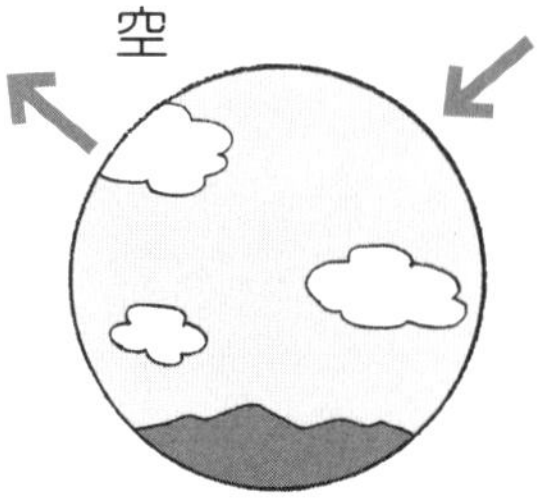

一つの言葉から思いつく言葉を、子どもと一緒に考えてみましょう。

「しりとり」は子どもにとって、ワクワクするあそびの一つ。たとえ同じ単語を繰り返しても、「ん」で終わっても、"ダメ出し"はしないこと。

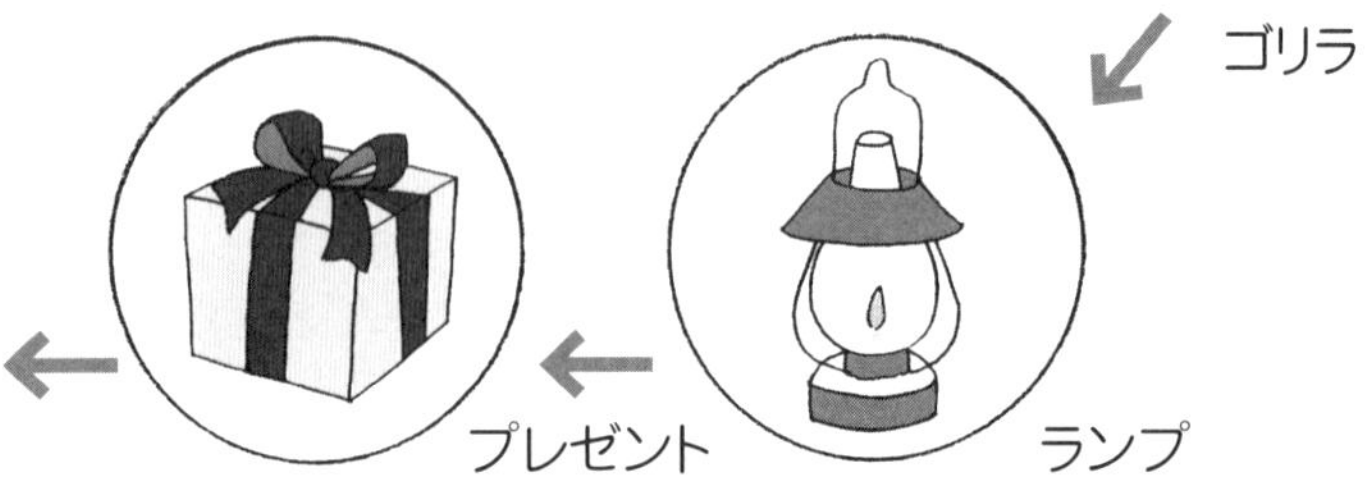

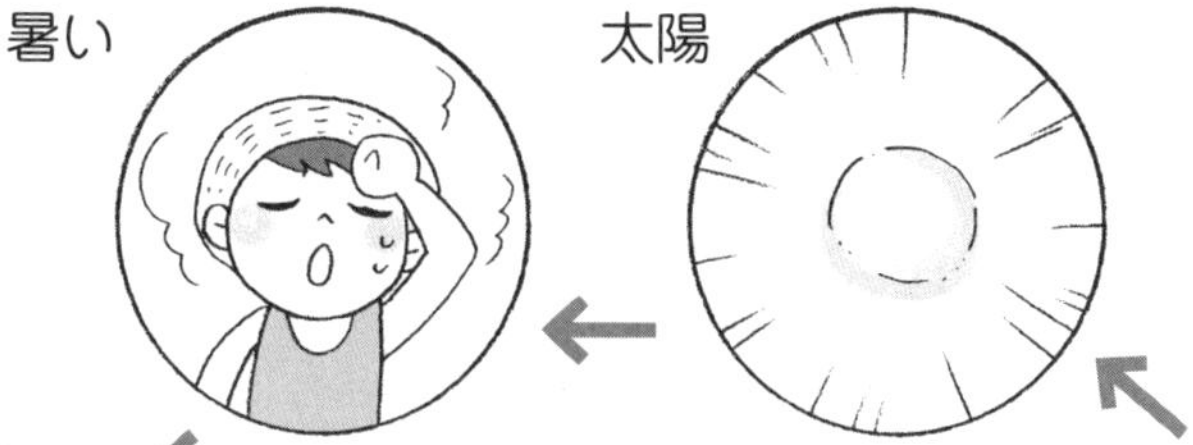

「太陽→暑い」というように、形容詞が出てきたら、しめたもの。

物語を思い出して、話し出したりしたら、熱心に聞いてあげましょう

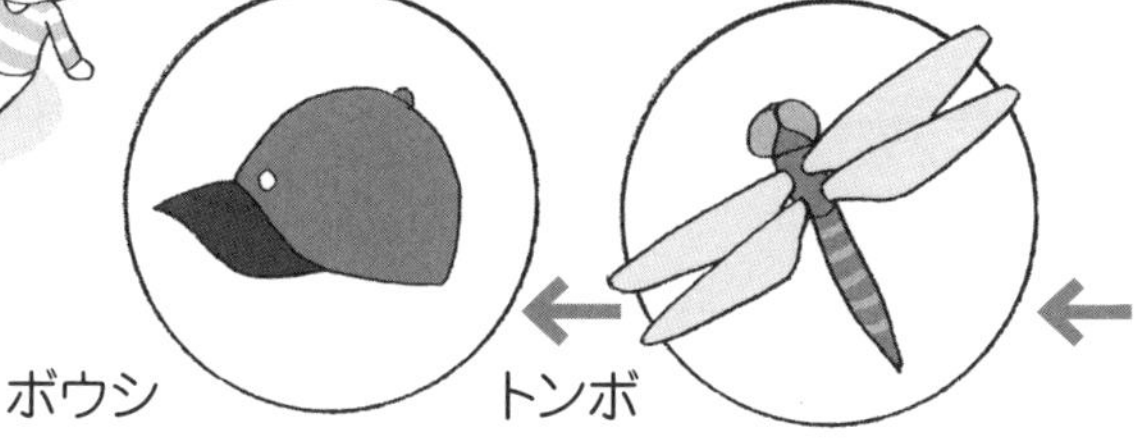

20 お絵描きあそび

◆鍛えられる能力
☑筆圧　☑運筆力　☑表現力

クレヨンや鉛筆が手に持てるようになると、子どもは「お絵描き」に夢中になります。グルグルと、ただ線を描いているだけなのに、「これはなあに？」と聞くと、「ママ！」と答えたりしますね。大人から見ると落書きにしか見えなくても、子どもは真剣。「じょうずね〜。でも、ママってもっと美人なんだけどな〜」と、楽しい会話に発展させ、「描く」ことの楽しさを盛り上げてください。

「お絵描きあそび」でポイントになるのは、この時期はできるだけ大きな紙の上に描かせてあげるということです。通常は、カレンダーやパソコンの印字済《いんじず》み用紙の裏側とか、お絵描きブックとか、だいたいA4サイズ、B4サイズのもののはずです。でも、小さなうちは〝枠《わく》〟という概念がありませんから、はみ出して描いてしまうこともしばしば。テーブルを汚《よご》したり、壁にクレヨンのあとがくっきり、なんてこともありそうですね。

こんなとき、お母さんは「ああ、汚しちゃって、困るな〜」と口にしていませんか？　子どものあそびの基本は「楽しい」こと。叱《しか》られてしまっては、絵を描くことそのものが嫌いになってしまいます。そこで大きな紙を用意して、どこに描いても楽しい環境をつくってあげることが大切になってくるのです。A3以上、大判の模造紙《もぞうし》を何枚かつないで、壁にど〜んと貼《は》ってしまいましょう。

ポイントはまだあります。大人の〝常識〟を押しつけないことです。たとえば、太陽は赤、山は緑……というようなこと。太陽が青でも、山が赤くても、この時期はいいのです。右脳が感じるイメージが〝その色〟なのですから、一定のルールに押し込めてしまわないことが大切です。

絵を描くというのは表現方法の一つです。みずから〝表現〟したことが周囲に受け入れられるということは、大きな自信につながります。「じょうずだね〜」とほめられれば、さらに絵を描くことが大好きになります。**自由にのびのびと描かせ、しっかりほめてあげましょう。**

お絵描きあそび

子どもに紙と描くものを与えましょう。

「これはなあに?」と聞いてあげて、自由に描かせてあげてください。

子どもに自由に描ける紙のスペースを提供してあげましょう。

紙からはみ出して描いてしまっても、
決して叱ってはいけません。

21 迷路あそび

◆鍛えられる能力
☑運筆力　☑集中力　☑情報処理力

「迷路あそび」には二種類あります。一つは「線の処理」を目的としたもの。もう一つは「思考」することを目的としたものです。どちらも、情報をきちんと処理する能力、集中力のアップがメインテーマとなります。

3歳くらいまでは、「線書き迷路」であそびましょう。スタートからゴールまで、ていねいに線が描けることを目指します。

そのためにはまず、〈20〉の「お絵描きあそび」を存分にさせることが前提。自由ななぐり書きをたくさんしておくと、鉛筆を持ったときの力の加減もわかってきますから、ルールに則《のっと》った線書き、つまり、迷路のゴールにたどり着くまでの〝線〟の処理が上手に行なえるようになり、ゴールへと向かう〝思考〟の素地も、自然と培われていきます。

「線書き迷路」が上手にできるようになったら、4～6歳以降は「思考迷路」にステージアップしていきましょう。そもそも迷路は「思考」するあそびです。右か左か、二者択一しながらゴールまで進んでいきますね。通常は、「さあ、やってみようね」と始めると思いますが、七田式では、情報処理能力、集中力を高めるために、あそび方にこんな工夫を取り入れています。それが〝全体像をまず見る〟というやり方です。

「さあ、よく見てね」と5秒程度、迷路全体の仕組みがどうなっているのかを見せます。限られた時間の中で、子どもはさかんに情報収集を試みているはずです。イメージ脳である右脳がフル回転している状態といってもいいでしょう。

通常のやり方だと、どうしても目先目先を見てしまいがちですが、全体像を捉えることによって、ゴールという目的意識がはっきりとしてきますから、情報の処理の精度も上がり、かかる時間も格段に少なくなるのです。

全体を見る→ゴールへの意識を高める→分析する→情報を処理する。この流れが、七田式の迷路あそびです。繰り返してあそびましょう。

迷路あそび

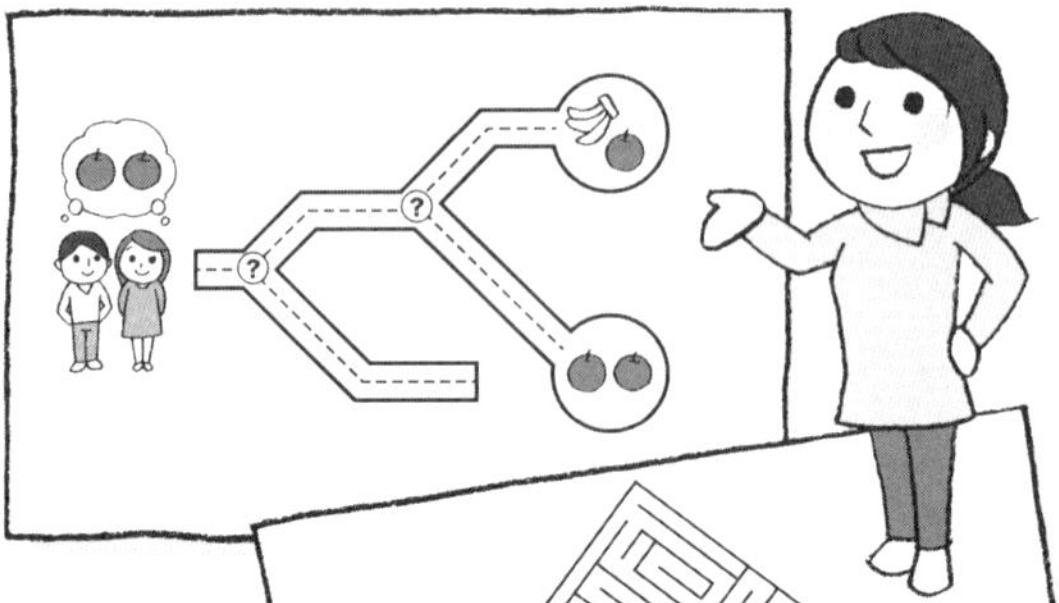

迷路あそびには、「線書き迷路」と「思考迷路」の二つがあります。

自由ななぐり書きの次の段階として、ルールに則った線書きを教えます。

ゴールへと向かう“思考”の素地が自然と培われます。

「思考迷路」では、まず“全体を見る”ことです。あとは、ゴールへの意識を高める→分析する→情報を処理する…の流れで精度を高めます。

22 自己紹介あそび

鍛えられる能力
☑表現力 ☑説明力 ☑自己主張力

2、3歳になったら「自己紹介あそび」にチャレンジしてみましょう。「お名前は?」、「いくつ?」と尋ねられることは多くても、子どもがそれ以上、自分について語る機会は、案外、与えられていないのが実情です。環境をつくらないと身につかないものの一つが、じつは自己紹介の能力なのです。

しかし、自分を表現できる、自分の意見を正確に伝えられるという能力は、将来、必ず必要になります。その練習を小さいうちからしておくことは、大きな意味があるのです。ポイントは年齢が上がるごとに〝紹介する内容〟を増やしていくこと。2歳なら「名前/年齢/好きな食べ物」、たとえば、「まもる、2歳、好きな食べ物はね、えーっと、りんご」、3歳になったら「名前/年齢/好きな食べ物/自分の得意なこと」、「ようこ、3歳、好きなのはりんごでね、それから、得意なのは積み木」といった具合ですね。

効果的に説明力、表現力を伸ばしていくには、紹介する内容を「年齢＋１」くらいにするのがいいと思います。そして、６歳くらいになったら、１分間スピーチにトライさせましょう。

「自分のことについて、1分間しゃべってみて。好きなことをしゃべっていいよ」

早い時期から取り組んできた自己紹介あそびが、ここで活きてきます。段階を踏むということが、能力を伸ばすうえではとても大事なのです。

もちろん、楽しく〝あそべる〟演出をしてあげることも大切。おもちゃのマイクを「はい、どうぞ」と差し出したりすると、子どもはのってくるものです。台所のお玉をマイクに見立てたっていいですね。懐中電灯のスポットライトも子どもが大好きな演出です。

スピーチを始める合図は、家族みんなの大きな拍手と「待ってましたぁ」のかけ声…とか、それぞれ独自の楽しい演出を凝《こ》らして、1分間を大いに盛り上げましょう。

自己紹介あそび

「自分を表現できる」、「自分の意見を正確に伝えられる」という能力は、小さいうちから身につけましょう。

紹介する項目を「年齢＋1」くらいにするのがいいでしょう。

あそび感覚が大切。楽しく“あそべる”演出をしてあげることです。

23 暗唱あそび

鍛えられる能力
☑記憶力 ☑表現力 ☑理解力

子どもは、〝音〟を聞いて「まねる」という行為がとても上手です。たとえば、童謡などを繰り返し歌ってあげると、聞くうちにしだいに自分でも歌えるようになります。お母さんの心地よい声（＝音）が、右脳の記憶回路にスーッと入り込み、子どもはそれをまねて、言葉として出力するようになるのです。もちろん、この時期の子どもは〝言語〟としてその内容を理解しているわけではありません。音をまねる。それが楽しいからです。「すごいね、できるじゃない！」とほめられれば、もっと楽しくなり、うれしいのです。

このように右脳の記憶回路を刺激して、〝脳の質〟を高めることを目的としているのが「暗唱《あんしょう》あそび」です。記憶の回路は、刺激を受ければ受けるほど、驚くほど開かれていきます。この時期にたくさんの刺激を受けて蓄積された記憶は、物事の理解や思考する力のベースになります。つまり、いかに良質な〝記憶回路〟をつくることができるかが、その後の脳の質を決めるといってもいいでしょう。

暗唱あそびは、論語、漢詩、ことわざ、格言……などから、長く歴史の中でよいとされたもの、多くの人に影響を与えたもの、〝生きる〟ことにイメージのつながるようなものを選択するのがいいでしょう。

「過ぎたるはなお、およばざるがごとし」

「学びて時にこれを習う、またよろこばしからずや」

小さな子どもに論語？　そう疑問に思われるかもしれませんが、不思議なもので、繰り返し聞いていくうちに〝ソラ〟でいえるようになっていきます。**ここで重要なのは、言葉の理解を求めてはいけないということ。言葉を覚えるというより、〝リズムで感じる〟ことを優先させます。**この繰り返しの刺激が、右脳の記憶回路を育てていくのです。そして、最初は自分のペースで、しだいに〝高速〟で唱えることができるように働きかけてあげましょう。

暗唱あそび

記憶の回路は、刺激を受ければ受けるほど、驚くほど開かれていきます。

言葉を覚えるというより、“リズムで感じる”ことを優先させましょう。

重要なことは、言葉の理解を求めないということ。

たとえば、教材は論語・漢詩・ことわざ・格言…など、長く歴史の中でよいとされたものを与えましょう。

24 俳句あそび

◆鍛えられる能力
☑発想力 ☑表現力 ☑作文力

「え？　子どもに俳句《はいく》？　わたしでもできないのに……」

お母さんの多くは、子どもに「俳句あそび」をさせることに、不思議な思いを抱《いだ》くことでしょう。ところが意外なことに、教室に集まる子どもたちはすんなり、俳句をつくってしまうのです。

それには、俳句に〝リズム〟があることが大きく影響しています。

「ふるいけや　かわずとびこむ　みずのおと」

このような五七五のリズムは、子どもにとっては〝規制〟ではなく、リズムあそびのような感覚で受け入れられているのではないでしょうか。2歳、3歳の子どもは、頭の中にたくさんの語彙を収集していながら、まだ、言葉にして表現するのはたどたどしいですよね。そのたどたどしさを、スムーズに表現できるように導くあそびの一つが、この俳句づくりというあそびなのです。

このあそびのポイントは、まず〝視覚〟から入るということです。たとえば、「ふるいけや〜」という俳句であれば、カエルが池に飛び込む絵を子どもに見せます。見せながら、棒をたたきながら、リズムを刻みます。「覚えてね」というと、少しも楽しいあそびにはなりませんが、棒をたたいてリズムを刻むことによって、〝音〟として、俳句を楽しむことができます。

大人はしゃべること、文字が書けることが表現だと考えていますが、しゃべれなくても音をとることはできますし、指をさすこともできます。

この時期の子どもには、俳句のルールにある〝季語〟は無視してかまいません。

「お母さん　きょうもニコニコ　ありがとう」

もちろん、最初はお母さんが俳句をつくってあげてくださいね。棒をたたきながらリズムをとることができれば、それで十分です。年代が上がるに従って、しだいに自分でも俳句づくりができるようになりますよ。このあそびは、作文づくりの基礎にもなる、大切なあそび。楽しんで取り組んでください。

俳句あそび

「俳句は難しい…」ではなくて、視覚から入れば大丈夫。
絵本などを見せて、まず興味を持たせてあげましょう。

俳句づくりは、リズムあそびの感覚で楽しく行ないます。五七五の俳句リズムを「棒」を使って教えます。

俳句を読みながら、棒でテーブルなどをたたいてリズムをとります。

25

計算あそび

鍛えられる能力

☑瞬発力　☑集中力　☑情報処理力

鉛筆が持てるようになって、数字や文字が、少しずつ書けるようになってきたら、「計算あそび」にトライしてみましょう。このあそびはもちろん、大きなお子さんが対象で、算数の基礎になるトレーニングです。

お母さんの多くは、「算数は、小学校に入ってからでもいいのでは？」と考えているでしょうか。もちろん、「学ぶ」という観点からいえば、小学校に入ってからでも遅くはないといえますが、七田式では単に、「計算」を教え込むという取り組みにとどめてはいません。「計算」ということを通して、書く力であったり、集中力であったり、情報処理能力であったり、瞬発力を養うことを目的とします。そして、最終的には、「できた〜！」という達成感を自信に結びつけたいと考えています。だから、**スタート時点では、正確に答えが出せるかどうかではなく、**

最後までやり通すことに焦点を置きます。答えの精度を上げていくのは、それからです。

「100マス計算」が、小さなうちからでもできる算数の概念のトレーニングです。タテヨコに10個の数字をランダムに書き込み、タテヨコを足した数字を書き込んでいくというあそびです。このペーパーは簡単につくれます。タテヨコ10という数字が、まだ難しいようであれば、最初は3個くらいからスタートして、できるようになったら、一つずつ数字を増やしていきましょう。

この遊びのポイントはスピードです。理想としては、6歳くらいまでには100問の計算を、2分を切るスピードで完成することを目指します。足し算の答え以前に、数字を速く書くスピードが問われるので、教室でもできない子どもは多く、それがふつうですから、できないことを気にしないこと。3〜5分を目指して始めましょう。

このあそびは、〈9〉の「数あそび」を十分にしてから始めると、理解は早く、効果的です。

計算あそび

「100マス計算」で計算あそびにトライしてみましょう。

+	5	4	6	7	3	2	0	9	1	8
1										
3										
7										
9										
5										
0										
6										
8										
4										
2										

「百玉そろばん」などで、算数の概念を教えましょう。

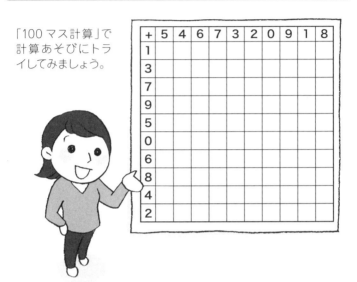

子どもが最後までやり通すことが大切。

答えの精度は、繰り返すことで、上げていきましょう。

鍛えられる能力

☑時の概念 ☑時間の感覚 ☑生活習慣

26 時計あそび

時の概念、すなわち時間、あるいは今日、明日、明後日《あさって》、1週間、2週間、1カ月、1年…といったものが認識できる能力をつけるのが、この「時計《とけい》あそび」です。すでに当たり前のこととして認識できている大人からすると、「そんなものは日常生活を送っていれば、自然に身につくじゃないの？」と考えるかもしれませんが、これは教えなければわからない概念なのです。

とくに、「○時○分」という時間はなかなか理解しにくい。「明日はお散歩に行こうね」ということはわかっても、「明日は10時からお散歩に行こうね」となると、時の概念を教えていない子どもには理解できません。

意識して早い段階から、具体的にいえば、2歳になったら教えておくことが大切です。おもちゃの時計を使って、まず、〝ちょうど〟の時間から教えましょう。

生活リズムと連動させて時計を見せ、語りかけます。

「あっ、起きたね。9時だね〜」

「あら、12時よ。お昼ごはんにしようか」

「3時になったから、さぁ、おやつを食べよう」

「もう7時、夜のごはんを食べなくちゃ」

「9時ね、寝る時間だね」

といった具合。自分の生活リズムと結びついているため、これはとてもよく浸透《しんとう》します。理想的には、6歳までに〝1分台〟までわかるようにしておくことです。

時の概念が身についているということは、単に「時間がわかる」ということだけではありません。規則正しい生活習慣をつける、約束を守る、といったことの基礎でもあるのです。

さらに、勉強や受験などの際に、自分の目標を設定し、それを達成するためのタイムスケジュールを計画する能力にもつながっていきます。時の概念を教えるのは、早いに越したことはありません。

時計あそび

9 時、12 時など、“ちょうど”の時間から「時の概念」を教えましょう。

生活のリズムに合わせて、「時間」を教えると、規則正しい生活習慣まで身につきます。

段階をふんで、「○時○分」までわかるようにしていきます。

27 比較あそび

鍛えられる能力
☑比較の概念　☑観察力　☑反対語の理解

いろいろなものを比べて、こちらが長い／短い、こっちが大きい／小さい、高い／低い…といったことを理解するためのあそびが「比較あそび」です。長短、大小、高低のほか、数や量などの概念ともからんできます。

最初は二つのものを比較することから始めましょう。身近にあるものがなんでも使えます。たとえば、クレヨンなどを使って、

「赤のクレヨンと青のクレヨンを並べてみようか。ほら、赤のほうが長いよ（短いよ）」とやったり、ぬいぐるみで、「クマさんのほうがウサギさんより大きいね（小さいね）」、また、積み木を積みながら、「青の積み木は、赤より高く（低く）してみよう」といった具合に、あそびのいろいろな場面で、比較の概念を意識させるようにします。生活の折々にも、比較を教える場面はありますね。

食事をしているときなら、

「○○くん（ちゃん）のお茶わんとお母さんのお茶わん、どっちが大きいかな？」

「お父さんのお箸は、ほら、長いでしょ？　○○くん（ちゃん）のは短いね」

といった会話で比較を意識させることができますし、外出したときも、

「バスが来たよ。バスって、おうちのクルマより、ずっと大きいね」

「見てごらん、あの二つのビル、どっちが高いかな？」

など、さまざまな語りかけができるはずです。

二つのものの比較が理解できてきたら、比較する対象の数を増やしていきましょう。三つのものの中で、いちばん長いもの、２番目に長いもの、いちばん短いもの、という順序づけができるようにしていってください。

また、お手伝いをしてもらいながら、

「いちばん長いお箸をお父さんに渡して、２番目に長いお箸はお母さんよ。○○くん（ちゃん）の前にはいちばん短いお箸をおいてね」

といったこともできますね。

比較あそび

たとえば、クレヨンで長い／短いを比べさせましょう。

ぬいぐるみで大きい／小さいを比べてみるのもいいですね。

お手伝いのとき、食器の
大小／長短を教えます。

町に出たら、クルマの大きさを
比べてみましょう。

「比較」が理解できて
きたら、比較する対象
の数を増やしていき
ましょう。

28 順序あそび

◆鍛えられる能力
☑順序の概念　☑空間認識力　☑座標の概念

ものの位置を知るには、「座標《ざひょう》」という概念を理解することが必要です。たとえば、地図上の特定の場所の位置を示す緯度《いど》、経度《けいど》はまさしく座標ですし、星の位置も天体座標によって表されます。

その座標の理解につなげていくのが「順序《じゅんじょ》あそび」です。〝教材〟は動物マンション。タテヨコに仕切られた箱などを活用してマンションの部屋に見立て、各部屋にウサギやクマ、イヌ、ネコ…など動物のおもちゃを置きます。

すでにあるものを利用すればいいのですが、できれば動物の大きさは同じくらいのものがベスト。マンションの前でいろいろな問いかけをしてください。

「いちばん上の右から2番目のお部屋には何がいる？（誰が住んでいる？）」

⇓「いちばん上の右から2番目はね、え〜と、クマさんがいるよ」

「ウサギさんはどのお部屋にいますか?」

⇓「ウサギさんのお部屋は〜、いちばん下の右から3番目だよ」

子どもが正しくいえるようになったら、今度は動物たちを部屋から出して、

「ネコちゃんを下から2段目で右から3番目のお部屋に入れてあげよう」

というふうに、かたちを変えてあそぶのもいいですね。

ポイントは、まず、立体から入ること。平面より立体のほうが〝実感〟としてとらえやすいからです。

子どもが少し大きくなったら、「100マスカード」も活用できます。

「6と6が合わさるところに◯をつけてね」

動物マンションという具体的なものによる座標の理解から、数字という抽象化されたものでの理解、そして、最終的にはX軸、Y軸での理解へと段階的に進めていく。そのプロセスが大事なのです。

順序あそびをしっかりしてきた子どもは、そのイメージを持っていますから、高度な概念にも戸惑うことはありません。

順序あそび

タテヨコに仕切られた大きめの箱をマンションに見立てて、
「座標」の理解をさせましょう。

「100マスカード」を使って、数字という抽象化されたものでの理解に発展させます。

29 お買い物あそび

◆鍛えられる能力
☑お金の概念　☑おつりの概念　☑金銭感覚

現代社会で生活していくうえで、絶対に身につけておかなくてはならないのが、お金の概念です。**あまり小さいうちから、お金について教えることはよろしくない、という考え方もあるようですが、将来の経済感覚の礎《いしずえ》をつくるという意味からも、早くからあそびを通して、その概念を知っておくことは大切です。**

これもごっこあそびが効果的です。「お買い物あそび」ですね。おもちゃのお金を使って、最初は物とお金を取り換えることから始めましょう。

「○○くん（ちゃん）、このりんごをそれ（お金）と取り換えよう」

お金の種類や価格はひとまずおいておき、ここでは交換（チェンジ）するという概念にふれさせます。お金は物と〝交換できる〟ものなのだ、ということを理解させましょう。

次は、お札《さつ》や硬貨の認識です。お札や硬貨にはどんな種類があって、それぞれ交換できるもの（価値）が違うということを教えます。日常生活で親しみのある野菜や果物のおもちゃなどを使って、

「このトマトは一つ100円よ。どのお金で買えるかな？」

といったあそびを繰り返しながら、お札や硬貨の価値を学ばせましょう。

次の段階では、いくつか物を買って、合わせていくらになるかがわかるようにしていきます。

「バナナは1本50円よ。二つ買うと、いくらかな？（どのお金といっしょかな？）」

子どもの理解が進むのに合わせて、買う物の数を増やしていきましょう。さらに、「60円のキュウリを買って、100円出したら、おつりはいくら？」といった問いかけで、おつりの概念についても、理解できるようにしていきます。

子どもの年齢、理解度を見きわめながら、その時どきにふさわしい「お買い物ごっこ」をしてください。

お買い物あそび

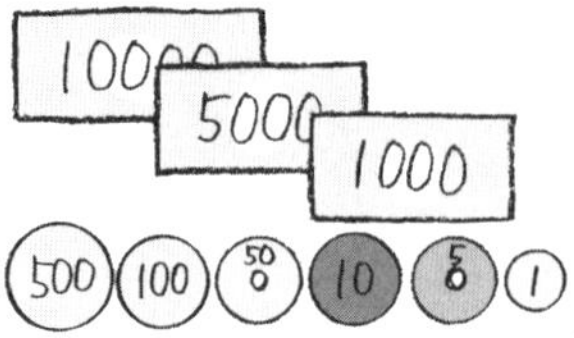

将来の経済感覚を身につける意味からも、お買い物あそびは大切です。

おもちゃのお金を使います。

物とお金が交換できること
を教えます。

いくつか物を買って、合わせていくらになるとか、「おつりはいくら?」など、子どもの年齢、理解度を見きわめながら、お買い物あそびを進めましょう。

30 間違い探しあそび

鍛えられる能力
☑識別力　☑観察力　☑集中力

同じように見える2枚の絵を並べて、「間違い」を探すあそびは、小さな子どもにはまだ無理。年齢の大きな子どもが対象になります。

子どもが物事を理解していくには、いくつかの段階を踏んでいかなければなりません。たとえば、小さな子どもに絵本やカードで「これが犬だよ」と教え、わかるようになっても、散歩の途中で会った犬が、絵本やカードの中にいた犬と同じであることはわかっていません。「ほら、犬が来るよ、かわいいね〜」といったお母さんからの働きかけ、言葉がけがあって初めて、実物の「犬」という存在を認識していきます。

次は、同じではない、つまり「違う」ことを認識をする段階に進みます。たとえば、犬とネコのカードを並べて、犬のカードを見せながら、「これと同じものはどれ？」と聞くと、子どもは犬のカードを選ぶことができますが、「これと違うものはどれ?」という問いかけに変わると、とたんに迷い始めます。違うもの＝ネコのカードは、なかなか選べないのです。「同じではない」ということが、「違う」ということだと教えて、繰り返しあそんでいくと、犬とネコの違い、犬でも犬種の違いがわかるようになってきます。

次の段階は「組み合わせ」です。「色」と「形」という二つの因子を組み合わせて理解できるようになります。「丸くて青いのはこれ」「四角くて赤いのは、こっち」といった具合です。因子は三つ、四つと増やしていきます。

こうした段階を踏んで、**総合力がついたところで取り組むのが「間違い探しあそび」です。「色あそび」、「図形あそび」、「大小あそび」、「積み木あそび」…などをたくさん繰り返してあそぶことが前提となります。**「あれ、こっちの絵は犬だけど、こっちはネコちゃんだ」とか、「三角のお屋根と四角のお屋根、これも違うぞ」という理解ができるようになるには、たくさんたくさんいろんなあそびをすること。間違い探しができなかったら、そうしたあそびに戻って、またトライしていきましょう。できなくてもあせらないことです。

間違い探しあそび

小さな子どもは絵本やカードで“犬”とわかっても、実際の“犬”とそれとが同じであることがなかなか理解できません。お母さんが「あの犬、かわいいねー」など、言葉がけをすることが大切です。

子どもは、同じではない、つまり“違う”ものがなかなか選べません。繰り返しやってみましょう。

「図形あそび」、「大小あそび」など、いろいろなあそび方を重ねて、総合力がついたところで、「間違い探しあそび」を始めましょう。

31 作文あそび

◆鍛えられる能力
✓想像力 ✓表現力 ✓作文力

「作文」が書けるのは、もっとずっと年齢が上になってからのこと。お母さんの多くはそう思っていると思います。文字がちゃんと書けたり、文章の構成を考えることができたりしなければ、当然、作文は完成しませんね。「だから、いまはまだ無理……」というわけでしょうか。でも、子どもの頭の中には、感性、ひらめき、想像力がいっぱい詰まっています。それを外に向けて出す〝技術〟が、ないだけなのです。「書く」という作業は非常に個人差が大きいものです。子どもにとっては最大の難関といってもいいかもしれません。早く上手に書けるようになる子もいれば、なかなかうまく書けない子もいます。うまく書けないからと先を急がせるような対応をすると、子どもは書くことが嫌いになってしまいます。一度、作文嫌いになってしまうと、修復するのは大変です。

そこで、まず「日記」から始めてはいかがでしょうか。1日の出来事を、一文から始めてみるのです。ただ、コツを教えてあげないと、子どもの作文はどうしても、「〜しました」の繰り返しになってしまいます。「ごはんを食べました」、「友だちとあそびました」という具合。このときに、お母さんの働きかけが活きてきます。**キーワードは、「カラオケカスゾ（カラオケ貸すぞ）」です。「カラ」は色（カラー）、「オ」は音、「ケ」は形・大小、「カ」は感じたこと、「ス」は数量、「ゾ」は想像したこと。「それは、どんな色だったの？」とか「どんな音がしたの？」といった語りかけです。簡単な言葉がけで十分です。**

「自己表現」をさらに豊かにするには、「もしも作文」であそぶのも、作文に興味が持てるようになるいい方法です。最初は子どもにお話しをさせて、お母さんがそれを代筆するというスタイルで取り組んでみてください。

「もしも作文」のお題は何でもいいのですが、たとえば、「もしもアリさんだったら」と語りかけ、「アリさんになって、お母さんの鼻の中に、入ってみる？」というふうに、想像力をかき立てるように導いてあげましょう。

作文あそび

子どもの頭の中には、感性・ひらめき・想像力がいっぱい詰まっています。

外に向けて出す“技術”がないだけなのです。

お母さんの言葉がけは、「カラオケカスゾ」で十分です。

「もしも作文」もいい方法です。

子どもがうまく書けなくても、あせらないこと。

32 処理能力アップあそび

◆鍛えられる能力
☑書く力 ☑計算力 ☑集中力

「処理能力」を高めるあそびは、これまでにたくさん紹介してきましたが、この「処理能力アップあそび」は、それらのあそびの精度をアップさせるものと考えてください。だから、素材はこれまでやってきたものが対象です。

子どもたちはいずれ、勉強の場である学校へ、そして社会へと出て行きます。それぞれの環境の中で、求められることはいっぱいあります。学校では、時間内に解答を余儀なくされる試験が繰り返されますし、社会に出れば、期限内に企画書を提出しなければならなかったりと、さまざまな〝条件下〟で、与えられた課題や仕事をクリアしていかなければなりません。「時間をかければ、できるんだけど……」では、通用しない場面に遭遇することになりますよね。

処理能力をアップするというあそびの取り組みは、そうした将来への絶対的に必要な要素ととらえてください。〝のんびり〟は確かに個性ではありますが、勝負どきにきちんとこなせる能力は、小さなうちに養っておきたいものですよね。

さあ、これまでのあそびをおさらいしてみましょう。〈25〉の「計算あそび」では、「100マス計算」を6歳までに2分を切るスピードで処理することが目標でしたね。「よ～い、ドン」で時間内にできるように、まず〝環境〟を整えましょう。「これから100マス計算を始めるよ。お母さんが『よ～い、ドン』といったら始めて、『終わり』というまでにできるようにしてみようね」

やる努力、できたという自信。この意欲を高めていくような促しが、このあそびでは最大のポイントになります。

積み木を10個積む、豆を10個お箸でつまんでお皿に移し替える、〈21〉の「迷路あそび」を時間内でゴールにたどり着く……など、あそびの〝素材〟は何でもいいのです。「時間」をきちんと設定することで、書く力、計算力、集中力をアップさせる。すなわち、脳全体の力が総合的にアップしていくというわけです。

処理能力アップあそび

あそびの教材は、なんでもかまいません。大切なことは、きちんと時間を限定すること。

子どもができなくても、“ダメ出し”はＮＧです。「おしかったね～、もう一度やってみようか?」と励まして、やる気を出させてあげてください。

積み木を時間内に数を決めて、一緒に積んでいきましょう。

うまく、くずれずにピラミッド状に積み上げることができるかな？

お皿の豆を、箸を使って、別のお皿に移し替えるあそびもあります。お父さんも一緒にチャレンジしてみましょう。

33 残像あそび

◆――鍛えられる能力

☑イメージ力　☑集中力　☑精神力

「残像《ざんぞう》あそび」は、色の残像を利用して右脳のイメージ力を高めるあそびです。このあそびは、オレンジ色の「残像カード」を使います。

まず、子どもに、「○○くん（ちゃん）、お目々《めめ》を閉《と》じようね」といって、目を閉じさせます。そして、ゆっくりと3回、深呼吸をさせます。こころを落ち着けた後、目を開かせ、カードの中心にある青い丸を子どもに見せてください。瞬《まばた》きせずにじっと見るように促して。時間は20秒ほどです。カードを見たあとは、再び目を閉じさせます。

通常は、目を閉じると〝補色《ほしょく》〟が見えてきます。この場合は、青が〝正色〟となりますから、見えるのはオレンジ。見える残像の組み合わせは、オレンジ↓↑青、赤↓↑緑、黄色↓↑紫、白↓↑黒です。最初は補色が見えるのが自然ですが、繰り返しやっていくうちに、見たままの色が残像として残ってくるようになります。

ただ、なかなか正色が残像に残らないというケースもあります。それは積み重ねてきた経験と関連があります。〈4〉の「色あそび」、〈17〉の「暗示あそび」を十分に繰り返したあと、再トライしてみてください。残像時間（目を閉じている時間）を伸ばすと、見えてくるようになりますから、この方法も試してみるといいでしょう。

この残像訓練は「集中力」を高めるのに適しています。実際、残像が残っている間に脳波を測定すると、α《アルファ》波の状態になっています。つまり、とてもリラックスした状態ということ。緊張や不安のない状態です。雑念がなく、一点に集中できる状態と言い換えてもいいですね。

残像カードであそぶことを習慣化すると、必然的に、自発的なイメージ力も高まってきます。

この残像あそびも、子どもにとってはあくまでもあそびの一つです。楽しんで続けましょう。

残像あそび

オレンジ色の紙の中心に青い丸が描いてある「残像カード」を使います。

青い丸を15 秒間、子どもに見せて目を閉じさせます。すると、最初は「オレンジ色（補色）の丸が見える」というでしょう。

繰り返しているうちに集中力が高まり、「見たままの色」がイメージできるようになります。

やがて、子どもは思ったままのもの(こと)を、頭の中で自由にイメージできるようになります。

Column

「暗示」の効果でやさしい女の子になった

3歳6ヵ月のYちゃんは、言葉が達者なしっかりしたお子さんです。プリントが大好きで、お母さまにいわれなくても、どんどん自分でやっていくほどです。とても頑張り屋さんなのですが、その強さが裏目に出て、時どき自分の感情をコントロールできなくなってしまいます。後から謝《あやま》ったり、反省の言葉をいったりするので、自分でもいけないことだとわかってはいるのですが、なかなか思うようにいかないようです。

先日もレッスンの後、わがままが出てしまい、ずーっと泣き通しで、穏《おだ》やかにいい聞かせようとするお母さまも、どうすればいいのか途方に暮《く》れておられました。

なんとか、Yちゃんの表面の姿ではなく、その奥にある本当のやさしくて平和な姿に触《ふ》れたいと思った私は、コップに入った水を手渡ししながら、できるだけやさしく静かに、「これは七田先生からいただいた“光の水”よ。これを飲むとこころの中が温《あたた》かくなって、幸せな気持ちになるの。涙も止めてくれるよ。飲んでみる?」といいました。Yちゃんはぴたっと泣くのをやめ、コクンとうなずくと、一気にその水を飲み干《ほ》してしまいました。そして、泣きはらした顔に笑《え》みを浮かべたのです。私もお母さまも、暗示の言葉の効果に内心びっくりしてしまいましたが、子どもの困った姿ではなく、その本質の“光”の部分に働きかけるよう教えてくださった七田先生に感謝の気持ちでいっぱいになりました。

……「教室からの報告」より

第2部

「七田式」右脳教育とは

七田式が指導する右脳教育とは

七田式の幼児教育は、右脳に働きかけるものです。教育というと、知識を詰め込み、学力を向上させることだと考えられるかもしれませんが、それは左脳だけを意識した、古びた教育だといわねばなりません。

子どもたちが持っている能力を引き出し、育て、伸ばしていく。それが右脳教育であり、教育の本来あるべき姿です。**七田式右脳教育では、イメージが重要な要素となります。知識や情報を、言語を介して教える左脳教育との、もっとも大きな違いは、そこにあるといっていいでしょう。**

右脳は波動の世界ですから、情報は波動で伝えられ、瞬間的にイメージに変わります。それが知識となり、記憶され、学習効果につながっていくのです。

情報をイメージとしてとらえるには、右脳が十分に開かれていることが必要です。そのための方法の一つが、光を見るトレーニング（オープンフォーカス法）です。
１６２ページで図解するように、からだの前で、親指が人さし指に乗るようにこぶしを握り、両こぶしの間隔を少し開けます。その状態で、焦点を指より遠くに置いて、ぼんやりと親指を見ます。すると、指の先や指のまわりから、白いもやのようなものが見えてくるのです。そこで、「指先をぼんやり見ていると、光が見えて、いろいろな色が見えるようになるよ」と声をかけましょう。

光や色はオーラです。オーラが見えた子どもには、その色を絵に描かせてください。この一連のトレーニングで、右脳はめざましく開いてきます。

また、線に沿って視線を素早く動かす「アイトレーニング」も、右脳開発に効果的です。ここでもやはり、見えた光や色を描かせるのがポイント。右脳が開かれると、１６２ページの図のような線を10秒間に50回から１００回近くたどることができるようになります。

左脳がゆっくりと働くのに対して、右脳は高速で働くため、たどった数をイメージとしてとらえることができるのです。

左脳と右脳をつなげる教材とノウハウが重要

ここで、右脳が秘めているチカラを整理してみましょう。

ＥＳＰ能力、コンピュータ的計算能力、写真的記憶力、語学習得能力、ヒーリング能力などがそれです。子どもたちは誰もが、これらの能力を持っています。引き出す環境が与えられれば、能力はいかんなく発揮されるようになるのです。

なぜ、右脳にはこうしたチカラがあるのか？　それは右脳の特性と深くかかわっています。右脳の基本的な働きは、与えられた刺激を共振共鳴《きょうしんきょうめい》によって情報化することです。同じ周波数の音叉《おんさ》どうしが共鳴するように、右脳はあらゆるものの波動を、情報として受けとることができるのです。見えないもの、聞こえないもの……左脳の五感では感じとることができないものも、右脳ははっきりキャッチします。

そうして受けとった波動による情報を、イメージに変えて理解するのも、右脳の特性です。イメージ化は五感全体について行なわれます。たとえば、実際に食べなくても味がイメージできる、触《さわ》らなくても感触がわかるのです。

また、記憶についても右脳は、一瞬だけ見たり聞いたりしたものを、完全に憶《おぼ》え、いつでも再現できるという特性を持っています。これももちろん、イメージとして記憶するからです。

こうした右脳の能力は、前述したように、**引き出さなければ、眠ったままで終わってしまいます。引き出すためには、適切な教材と、それを使うためのノウハウが必要です。**七田式が開発した教材や蓄積したノウハウは、家庭にあって代替できるものを含めて、順次、第1部で紹介しましたが、それらは右脳を開発するだけではなく、右脳と左脳をつなぐ回路をつくるものになっています。

右脳のチカラを思う存分活かすためには、左脳との間に回路ができていることが大切です。右脳がキャッチした情報は、左脳に移行して表現されるからです。しっかりした回路があってはじめて、右脳と左脳はバランスがとれた高いレベルの能力を発揮します。

スポーツでからだを鍛え、こころを育てる

子どもの能力を伸ばしていくうえで、欠かせないものがあります。からだを鍛える、こころを育てる、というのがそれです。からだとこころの成長は生きるための土台ですから、ここは早い段階からしっかり築《きず》いておかなければいけません。

スポーツは、からだを鍛えることはもちろん、こころの成長にとっても非常に効果的です。とくにチームワークを必要とする団体競技は、気持ちのよい汗を流すなかで、自然にこころを育ててくれます。

ポイントは、指導者が子どもを導く的確なリーダーシップを備えていること。あいさつや返事など、基本的な礼儀については厳しい姿勢で臨んでくれることが必須条件です。きちんとした礼儀を身につけることは、相手を思いやる素直なこころにつながります。

また、子どもたちの一人ひとりに対してキメ細かい目配り、気配りをしてあげるということも大切です。タイミングを得たほめ言葉や励ましの言葉は、やる気やがまん強さを育てます。

はっきりと勝敗が決まるという点も、スポーツの大きなメリットです。試合やゲームに勝つ喜びを味わえると同時に、負ける悔しさも経験できる。勝つことによってチームメイトともに達成感を得ることも、負けて思いどおりにならないことがあるのを知ることも、子どものこころを育てる貴重な糧《かて》となります。

取り組ませるのは、どんなスポーツでもかまいませんが、子どもが意欲を持って一所懸命になれるものを選びましょう。「好き」でなければ、スポーツの持っているよさも半減してしまいます。

そして、試合やゲームがあるときは、なんとか時間をつくって、応援に行ってあげてください。親が自分のプレーを見守ってくれているのといないのとでは、気持ちがまったく違います。見守る・見守られるというかたちでの親子コミュニケーションも、子どものこころを強くたくましく育むことでしょう。

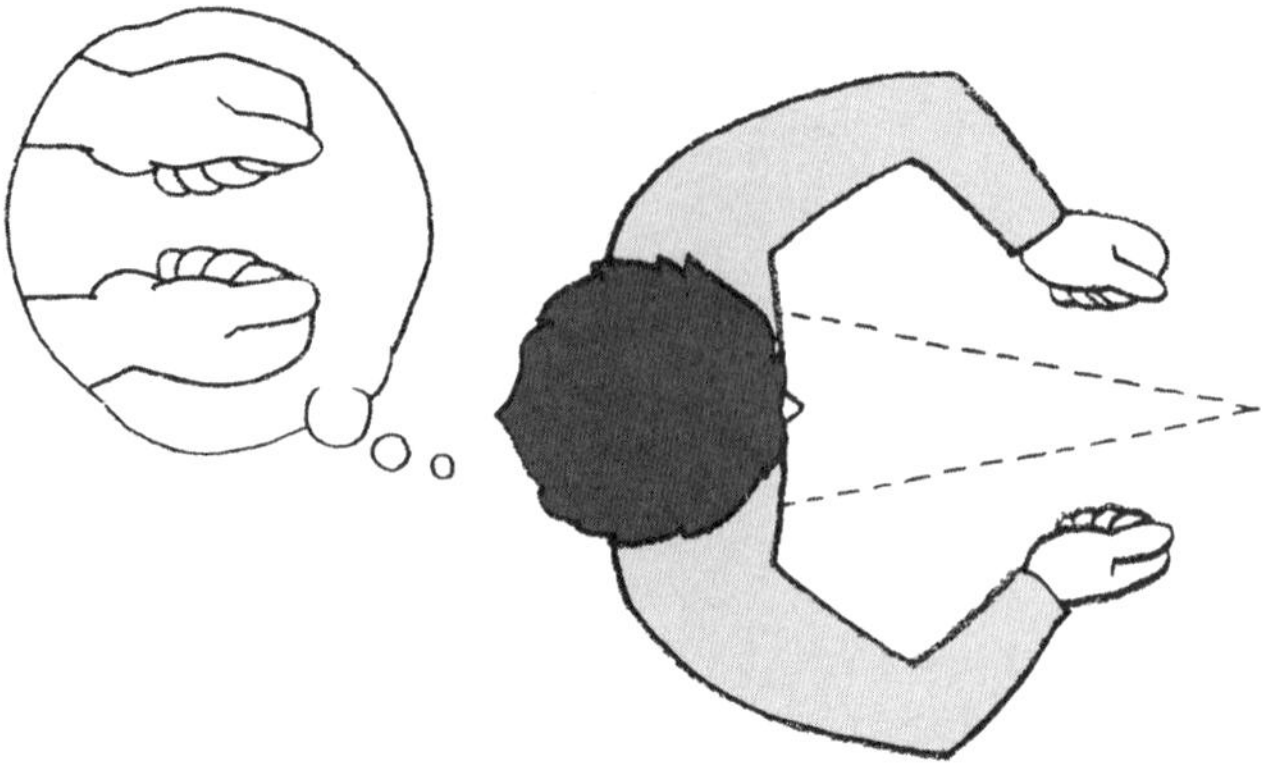

右脳開発トレーニングの一つである「オープンフォーカス法」は、両こぶしの親指の間のむこうにいろいろな色の光が見えてくるよう、暗示をかけます。

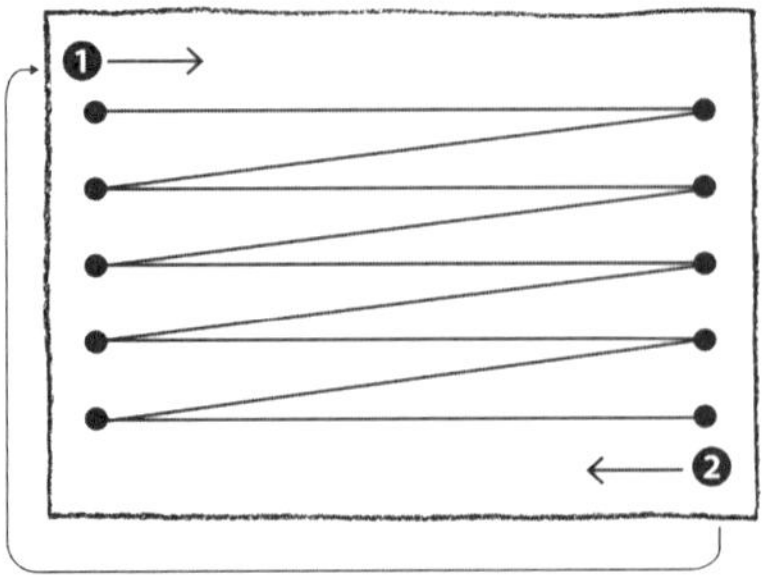

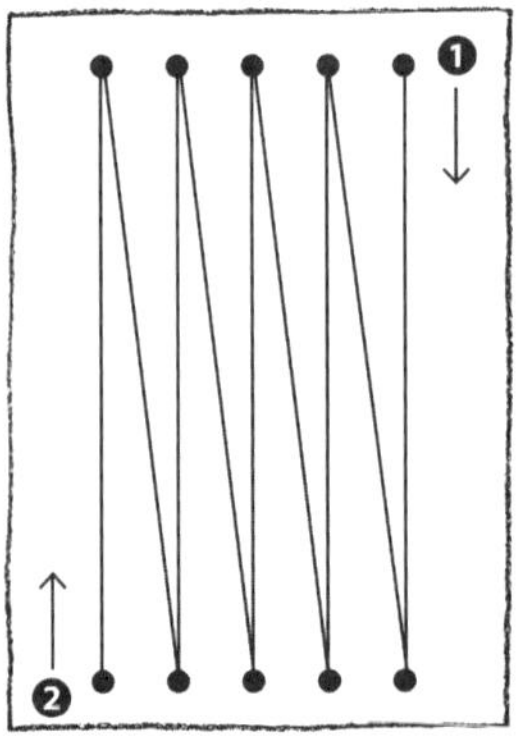

線に沿って視線を素早く動かす「アイトレーニング」も、右脳開発に有効です。

子どもの能力を伸ばすためには、大人が見守り、励ますこと。
スポーツの効用ははかり知れません。

セロトニン神経を鍛えれば、こころが強くなる

強いこころとは、わかりやすくいえば、感情をコントロールでき、いつも元気な状態を保てるこころといってもいいでしょう。子どもたちが、外で思う存分からだを動かしてあそんでいた時代には、そのあそびや生活の中で、自然に強いこころが育ちました。

ところが、いまでは一人でやるデジタルゲームがあそびの主流となり、こころのトレーニングはできにくくなっているのが実情です。そこで注目したいのが、「セロトニン神経」です。聞きなれない言葉かもしれませんが、セロトニン神経とは、脳内にある神経細胞・組織のことで、こころの不安や緊張を取り除き、元気でバランスのとれた状態に保つ働きをしています。つまり、セロトニン神経を鍛えることで、こころは強くなるのです。

もう一つ、こころの元気を高めるポイントがあります。みなさんは「海馬《かいば》」という言葉を聞いたことがありませんか？　脳の大脳辺縁系《へんえんけい》にあって、記憶や学習能力と深くかかわっているのが海馬ですが、この海馬の働きを活発にすることで、こころは元気になり、やる気がみなぎるのです。海馬を活性化するためには、脳波のなかのシータ波をたくさん出させることが必要です。

セロトニン神経とかシータ波とか、難しい話のようですが、〝実践〟は簡単です。**セロトニン神経を鍛えるにも、シータ波を出させるにも、からだを動かせばいいのです。**

コツは、一定のリズムを持った運動をすること。同じテンポで歩く散歩はその典型です。七田式のプログラムをこなした後は、「お散歩しようか？」と声をかけ、子どもと一緒に歩きましょう。

気分転換にもいいし、親子の絆も深まる。しかも、こころを強くするトレーニングとしての効果も絶大。子どもの年齢に応じて時間を考え、ぜひ、日課にしてください。

呼吸法を学んだ子どもはキレない

呼吸もセロトニン神経に影響を与えています。一定のリズムで繰り返される呼吸はセロトニン神経の働きを活発にしますが、リズムに乱れが生じるとセロトニン神経を弱らせてしまうのです。

いま、多くの子どもたちが夢中になっているゲームは、呼吸のリズムを乱す大きな原因になっています。テレビやゲーム機の液晶画面を食い入るように見つめて、ハラハラドキドキ。そんな状況は、呼吸を著《いちじる》しく抑制《よくせい》します。その結果、セロトニン神経はダメージにさらされるのです。

前述したように、セロトニン神経はこころのバランスを穏やかに保つ働きをしていますから、それが弱れば、不安や苛立《いらだ》ちが募《つの》り、いわゆる〝キレる〟ということにもなります。いまや大きな社会問題になっているキレる子どもたちとゲーム（呼吸の乱れ）との関係は指摘されてしかるべきです。

こころを落ち着け、リラックスするという意味合いから、七田式の幼児教育では呼吸法にも重きを置いています。子どもたちが実践しているのが、「丹田《たんでん》呼吸」と呼ばれる、深くゆったりとした呼吸です。

まず、口からゆっくりと細く長く息を吐《は》きます。すべての息を吐き切るのがポイント。吐き切ったら、今度は鼻からゆっくりと息を吸います。吐くときは、心にある不安やイライラが息と一緒にからだの外に出ていくことをイメージしましょう。そして、吸うときは元気がどんどん入ってくるイメージを持ってください。

子どもに教えるときは、「タヌキさんみたいにおなかを膨《ふく》らませて吸うのよ、吐くときはおなかをぺちゃんこにへこまそうね」といった言い方をするといいでしょう。3回から5回行なうと、ゆったりとした気持ちになります。

ふだんからこの呼吸法を実践している七田式で学ぶ子どもたちは、穏やかな安定したこころで生活しています。もちろん、〝キレる〟といったこととはまったく無縁《むえん》です。

こころを鍛え、強くするには一定のリズムを持った運動をすること。親が子どもと一緒に「散歩する」のもいいですね。

丹田《たんでん》呼吸で深くゆっくり
呼吸する子どもは、不安や
イライラを吐き出し、元気
をどんどん吸収します。

〝棒になる〟瞑想・イメージトレーニングで思考力、探求力が磨かれる

右脳を開発するためにイメージする力が大切だということは、すでにお話ししました。そのイメージ力をつける方法の一つが、棒のイメージワーク、すなわち、自分が棒になったことをイメージする方法です。

子どもを床に仰向《あおむ》きにさせ、軽く目を閉じて、前の項で説明した「タヌキさん呼吸」を3回繰り返させます。

それから、「いい？　1、2、3、〝はい〟といったら、○○くん（ちゃん）のからだが棒のように固くなるよ」と声をかけます。3歳以下では、なかなかからだを固くすることができませんが、4歳くらいになると、声がけでからだ全体に力を入れることができるでしょう。「腰を浮かせて、ピーンとしてごらん」とアドバイスするのも効果的です。

〝棒〟になって、5秒から10秒たったら、今度はこう声をかけます。「1、2、3、〝はい〟の合図で、からだが綿《わた》のようにやわらかくなるよ」。大きく息を吸いながら棒になって、息を吐きながら一気に力を抜くのがポイント。「棒↓綿」を3回繰り返させましょう。

からだを緊張させ、緩《ゆる》めるという動作を繰り返すことで、こころもからだもリラックスして、イメージが見えやすい状態になります。そこで、色をイメージさせます。

「色が見えてくるよ。赤い色だよ。赤い丸が見えてきたね」

具体的なもののほうが、子どもがイメージしやすいようなら、「赤いリンゴが見えてくるよ」などといってもかまいません。見えたら手を上げるようにいっておき、それが確認できたら、今度は違う色をイメージさせます。

「黄色が見えてくるよ（黄色いレモンが見えてくるよ）…」

これも確認できたら、次は青色など、合わせて三つの色をイメージさせましょう。繰り返すうちに、イメージ力はどんどん強化されていきます。

子どもの語学力はどんどん伸びる

グローバル化がますます進むこの時代、子どもに英語力をつけたいというのは、すべての親の共通した願いではないでしょうか。英語に限らず、語学力はいかに早い時期にそれに接するかが勝負です。海外に赴任《ふにん》した一家で、いちばん最初にその国の言葉を聞き分け、話すようになるのは、もっとも年齢が低い子どもだという話は聞いたことがあるでしょう。

たとえば、英語には日本語にはない周波数の音があり、独特の発声法がありますす。大人になってから英語をマスターするのが難しいのは、それらが大きな壁になるためです。ところが、赤ちゃんはいともたやすく、その難題をクリアしてしまいます。**大人の場合、考えて、理解する、という左脳的な学習で英語に取り組むのに対して、赤ちゃんは、入ってくる情報をどんどん取り入れ、処理すること**

ができる右脳で学ぶからです。

英語力を伸ばすポイントは、とにかくたくさん聞かせることです。食事をするときでも、あそんでいるときでも、ＣＤなどで英語を流すようにして、耳に触れさせましょう。『マザーグース』のような英語の歌も効果的ですし、アニメーションの英語版を活用するのもいいですね。

「日本語もしゃべれないうちに、英語を聞かせて混乱しないかしら？」

そんな懸念《けねん》があるかもしれませんが、右脳のキャパシティは、考えているよりずっと大きいのです。事実、英語も日本語も同じように、きれいに話すことができるバイリンガルの子どもたちは、世界中にいくらでもいます。

英単語のカード（フラッシュカード）を発音しながら素早く見せたり、英語の絵本を読み聞かせたり…。赤ちゃんの時期から英語をシャワーのように、たっぷり聞かせましょう。

大人の場合には考えられませんが、赤ちゃんの時期の吸収力は驚異的です。間違いなく、英語力はぐんぐんレベルアップしていきます。

自分のからだが「棒→綿」になるイメージトレーニングをしましょう。イメージ力の強化は右脳開発に直結します。

語学力を伸ばすポイントは、なるべく早い時期に、とにかくたくさん英語に接することです。

早期の右脳教育が記憶力を伸ばす

早い時期から子どもの脳に働きかけることが、大きな意味を持つことがわかったのは、脳科学がめざましい進歩を見せ始めた1960年代以降のことです。その研究成果によって、二人の研究者がノーベル賞を受けています。

米国ハーバード大学のトールステン・ウィーゼル（スウェーデン）、デイビッド・ヒューベル（アメリカ／出身はカナダ）がその二人ですが、脳についての二つの事実を発見し、1981年のノーベル生理学・医学賞に輝《かがや》いたのです。発見の一つは、幼児の場合、感覚（五感）を通して受けとった経験が、脳細胞に仕事を教えるのに重要な役割を果たしていること、もう一つは、幼児期をすぎてしまうと、脳細胞がそうした学習をする機会はしだいに失われてしまうことです。

つまり、幼児期は五感をたくさん刺激する環境で育てることが大切で、それがその後の脳の発達や人格形成、ひいてはよりよい人生を築いていくための基礎になる、とノーベル賞受賞者は説《と》いたのです。

言葉を換えれば、早期教育が必要であることを、脳科学的に証明したといってもいいでしょう。

五感を刺激して右脳に働きかける、すなわち右脳教育を早くから行なったほうがいいのは、それが効果をあげる時期が０歳から６歳と限られていることと同時に、脳は使うことによって進化するからです。

かみ砕《くだ》いていえば、使えば使うほど、頭はよくなるということ。たとえば、記憶力にしても、幼児期から刺激をどんどん与えることによって、脳の神経細胞どうしのネットワークが増え、開発され、瞬時にものごとを記憶してしまう、すばらしい能力が育っていくのです。

それが実現できるのは、右脳が優位にある幼少時だけです。もう一度、「幼児期をすぎると、機会は失われる」という、ノーベル賞受賞者の言葉をかみしめてください。取り組むのは早ければ早いほどいいのです。

脳科学に学ぶ記憶力の伸ばし方

記憶力を伸ばす〝刺激〟として、非常に有効なのが、絵本の読み聞かせです。好きな絵本を繰り返し読み聞かせてあげることで、子どもはそれを憶えてしまいます。これは左脳で考えて憶えるのとは、まったく別のメカニズムによるもの。右脳に記憶の回路ができるのです。

しかし、読み聞かせるだけでは、すぐれた記憶力を育てるには不十分です。記憶したことを話すことが大切なのです。話しができるようになったなら、読み聞かせで憶えたことを出力させる、つまり、話させるようにしましょう。読み聞かせ＝入力回路づくりと、暗唱＝出力回路づくりは、いわば、記憶力を育てるクルマの両輪です。

脳科学者の立場から、そのことに言及しているのが、ノーベル生理学・医学賞を受賞した、スペイン人のラモン・イ・カハルです。その言葉を引用しましょう。

「脳を発達させるには、単に刺激を与えるだけではダメで、みずからの行動によって環境に働きかけ、その結果生じる刺激を通して知覚のフィードバックを行なう。脳機能促進《そくしん》の最大の効果は、ここから生まれる」、「この感覚のフィードバックのうちでも、もっとも脳の発達に効果があるのは、幼児期の行動によるフィードバックである」。ここで語られている「幼児期の行動によるフィードバック」の一つが、憶えたことを暗唱する（話す）ということにほかなりません。

また、すぐれた記憶力をつくるためには、次々に新しいことを憶えさせるのが効果的だと考えるかもしれませんが、それは違います。

ポイントは〝繰り返し〟なのです。同じ刺激を100回、200回…500回と繰り返して与える。そうした取り組みによって、記憶力をはじめ、あらゆる能力は高まっていきます。

触れ合いという面でも、子どもと向き合って行なう読み聞かせは理想ですが、時間的な問題もありますから、お話や歌のCDを繰り返し聞かせるという方法も、大いに活用しましょう。

子どもはほめて、認めて、伸ばす

子どもの能力を伸ばすには、親の接し方がとても重要です。その基本は〝ほめる〟、〝認める〟ということ。もちろん、それは子どものわがままを何でも許すという意味ではありません。他人を傷つけたり、相手に迷惑をかけたりする言動に対しては、いけないことを説明し、言葉で言い聞かせる（叱る）ことが必要です。

この点をしっかり押さえたうえで、ほめて、認めてあげましょう。「でも、なかなか難しい」と感じるかもしれませんね。キーワードは依頼語です。多くのお母さんは、日常的に「お着替《きが》え、早くしなさい」などのように命令調で子どもと接しているのではないでしょうか？　それを「お着替え、してくれない？」と依頼形にするのです。この言い方の違いが、子どものやる気につながります。

そして、依頼にこたえてくれたら、「お着替え、じょうずにできたね。すごいね、いい子ね」とほめて、認める。これならできそうだと思いませんか？

お母さんにほめてもらい、認められた子どもは、幸せな気分でいられますし、何事に対してもポジティブに向き合うようになります。それが、持っている能力を伸ばしていくうえで、大きな原動力になることはいうまでもありません。

子どもをほめる、認めるときの言葉は肯定的《こうていてき》で、あたたかく、明るく、包《つつ》み込むようなやわらかさを持っています。だから、子どもは勇気を与えられ、希望を感じることができるのです。脳科学的にいえば、右脳を開くのは、そうした言葉なのです。

逆に、子どもを否定するような言葉は、右脳を閉《と》ざしてしまい、左脳をストレスでいっぱいにしてしまいます。語りかけ、とくにお母さんの語りかけが、脳に影響をおよぼし、子どものこころの状態を大きく作用するということを知ってください。

「だめ／いけない」、「早くしなさい／グズなんだから」、「なんで、できないの／何度いったらわかるの」……。

ついつい、口にしてしまいそうなこれらの言葉は、タブーですよ！

オレンジカードでイメージ力を育てる

右脳の開発にとって、重要な位置を占めているのがイメージ力です。イメージ力を高めるためにきわめて効果的なのが、「オレンジカード」（150ページ）を使ったイメージトレーニングです。オレンジ色の折り紙を用意し、その中央に直径2～3センチのブルーの円を貼りつけます。

このオレンジカードを30秒間、じっと見つめさせ、その後、目を閉じさせて、瞼《まぶた》の裏に浮かぶ残像を見つめさせます。イメージ力が高まってくるにしたがって、見える残像は次のように段階的に変わっていきます。

オレンジとブルーの色が反転して見える（第1段階）、カードのままの色で見える（第2段階）、真ん中のブルーの丸の色、形を変えられる（第3段階）、ブルーの丸を自由なイメージに変えられる（第4段階）。

子どもが目を閉じているときに、「真ん中の丸がブルーのまま見えるよ」、「丸の色や形が自由に変えられるよ」、「いろんなイメージが出てくるよ」などの声かけをする（暗示を与える）と、その通りのイメージが見られるようになります。

最初はなかなかイメージが出てこないことがあるかもしれませんが、繰り返しているうちに、必ず、すぐイメージが出てくるようになります。出てきたイメージについては、「何が見えたの？」、「どんな色だった？」と聞いて、話しをさせたり、絵に描かせたりしましょう。

イメージトレーニングを行なうと、集中力、想像力、表現力、直感力が磨《みが》かれます。それらの能力が総合的に高まり、イメージ力のアップにつながっていくのです。イメージ力がついてきたら、「さぁ、今日は動物園に行くよ。どんな動物がいるかな？」、「水族館に行ってみよう。お魚に会うのが楽しみだね」といった具合に、イメージの中でいろいろな場所に行ってみましょう。

自由にイメージの世界が広げられることは、そのまま右脳を活性化することでもあります。お母さんも一緒に、楽しみながら続けてください。

子どもには依頼形、肯定語を使いましょう。タブー語は絶対NGです。

「オレンジカード」で
イメージ力を鍛える
と、集中力・想像力・
表現力・直感力が磨
かれます。

世界で脚光を浴びている七田式の右脳・フラッシュカード理論

七田式幼児教育の重要な柱の一つになっているのが、「フラッシュカード」です。高速でフラッシュ（閃光《せんこう》）のように、次々に大量のカードを見せるというものですが、その有効性は諸外国の専門家にも認められています。脳力開発の世界的権威として知られるアメリカのウィン・ウェンガー博士は、著書の中でこう述べています。

「1、2歳の子どもに、文字や発音を一つずつ教えようとしても無理です。教えたいなら、単語などを書いたカードを瞬間的に見せて、速く読みとる練習をするのがいいでしょう」

これはまさしく、七田式のフラッシュカード理論の正当性を裏づけるものだといっていいと思います。**フラッシュカードで右脳に刺激を与えるだけでなく、そ**

れを使ったあそびを通して、子どもたちにフィードバックさせる（入力した情報を出力させる）のが七田式ですが、このフィードバックが脳の開発にとってきわめて重要だということも、専門家によって証明されています。

フラッシュカード理論は高速で働き、同時にたくさんの情報を処理できるという、右脳の特性を見すえたものです。〝詰《つ》め込み〟との批判がありますが、脳科学を理解していない、まったく見当違いの主張としかいいようがありません。右脳にとっては「高速＆大量」ということが心地よいのです。

そして、すでにもうご存知のように、その右脳は年齢が低ければ低いほど、どんどん開発され、年齢を重ねるごとに活性化が難しくなるのです。

アメリカの研究者たちの発表でも、子どもの知的能力は4歳までに半分が完成し、8歳になると80パーセントができ上がってしまうことが指摘されています。つまり、それ以上の年齢になると、能力が開発される余地は、わずか20パーセントしか残っていないのです。

「鉄は熱いうちに打て」、これが幼児教育の鉄則なのです。

七田式の教育は子どもの成長に合わせてアップグレードさせる

子どもは、みんな、誰もがすばらしい能力を秘めていますが、それを十分に引き出すには「ステップ・バイ・ステップ」の姿勢で取り組むことが必要です。生まれたばかりの赤ちゃんがいきなりしゃべり出すことができないように、「0」からいきなり「10」のレベルには到達しないのです。

七田式幼児教育では、そのことを踏まえ、子どもの成長に合わせて指導をアップグレードさせていきます。適切な時期に適正な指導をする。それがめざましい教育効果をあげるための原点です。

たとえば、色について理解させるということについても、まず、赤、青、黄という三原色をしっかりわからせる段階から始め、次に水色やピンク、紫…など10色程度を理解させる段階、さらに山吹《やまぶき》色、群青《ぐんじょう》色といった微妙な色を見分けさせる段階へと進んでいきます。

また、大小の概念でも、最初は単純に「大きい」／「小さい」の理解、次は「どちらが大きい（小さい）」という簡単な比較をまじえた理解、そして、「〇番目に大きい（小さい）」という、より複雑な比較をまじえた理解へと、段階的にレベルを上げていきます。

ここは非常に大切なポイントです。**ともすると、「急ぎたくなる」のが親心ですが、成長に見合っていない働きかけは、子どもに自信をなくさせたり、やる気を失わせたりすることになりかねないのです。**自信もやる気も、「やっていて楽しい」という気持ちがなければ生まれません。

とくに、子どもに答えを求めるアウトプットでは注意が必要ですね。赤もわかるし、大きい／小さいということもわかるからといって、いきなりそれをミックスさせて、

「赤くていちばん大きいコップはどれ？　お母さんに持ってきてちょうだい」

といった要求をするのは性急すぎます。「ステップ・バイ・ステップ」です。

「フラッシュカード」は高速に、たくさんの情報を処理するためのツール。年齢が低いほど、右脳開発に磨きがかかります。

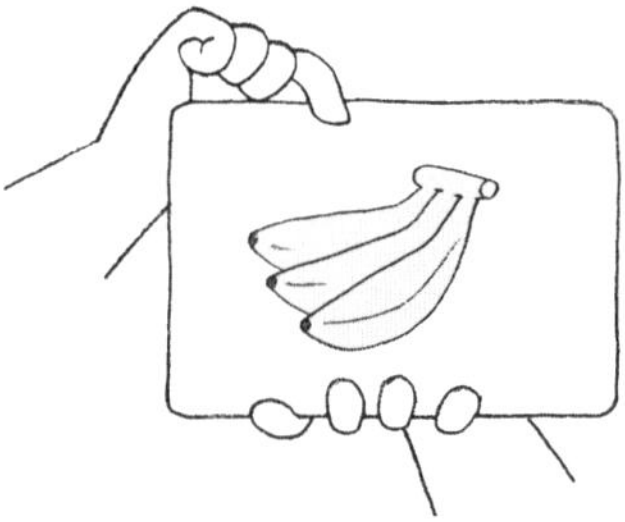

子どもの能力を十分に引き出すには、「ステップ・バイ・ステップ」の姿勢が肝要。急がせては、子どもの自信とやる気を奪いかねません。

本好きは天才を育てる

小さいうちから、ぜひ、子どもにやらせておきたいことの一つが、「本を読む」ことです。語彙が増えるのはもちろん、集中力や理解力、想像力など多彩な能力を総合的に高めてくれるのが、本を読むことだからです。親にとっても本好きな子どもは大助かり。たとえば、旅行に出かけた際など、長い時間乗り物で移動していると、所在《しょざい》なさから騒《さわ》いだりするものですが、本に集中できる子どもなら、その心配もありません。

本好きな子どもに育てる第一歩は、赤ちゃんのときからの絵本の読み聞かせです。絵本の世界の楽しさを知ると、「お母さん、読んで」と自分から絵本を持ってくるようになりますし、聞く力もぐんぐん育っていきます。

ひらがな、カタカナが読めるようになったら、「絵本を読もう、読みたい」と

いう気持ちに向かわせるような動機づけをしましょう。方法はいろいろあると思いますが、ご褒美《ほうび》作戦もその一つ。たとえば、

「絵本を5冊読んだら、大好きなハンバーグをつくろうね」

といった提案をするのです。楽しい〝目標〟があると、子どもの意欲は、がぜん、かき立てられます。5冊を読み終えたら、子どもには達成感が生まれ、今度はそれが「もっと読んでみよう」という気持ちにつながっていくのです。

きっかけさえつかんだら、いろいろな世界を垣間《かいま》見られる絵本に興味がわかないはずがありません。**本好きになるか、ならないかのカギは、上手にきっかけをつくれるかどうかにかかっているといってても過言ではないのです。**実際、1週間で100冊の本を読んでしまう5歳の子どももいます。

必ずしも、たくさん読めばいいということではありませんが、短期間で多読する、というチャレンジ経験を経た子どもは、本好きに1歩も2歩も近づくことになるのです。活字離れが加速するいま、本好きに育てることは、子どもにとって、将来的にも大きなアドバンテージになりますよ。

子どもの自己肯定感を上げる

日本の高校生の自己肯定感《こうてい》の低さが問題視されています。「自分が価値のある人間だと思う?」という問いに、アメリカ・中国・韓国の高校生は75〜90%がイエスと答えたのに対し、日本の高校生のイエスはわずか36%でした。「自分が優秀だと思う?」という問いには、アメリカ9割弱、中国7割弱、韓国5割弱がイエスと答えましたが、日本は15%にとどまりました。(2011年の調査)

なぜ、日本人の高校生の自己肯定感はここまで低いのでしょうか。その理由の一つが、「過剰な謙遜《けんそん》」にあるのではないかと思います。日本の謙遜の文化は美徳とされていますが、「おたくの○○ちゃん、すごいね〜!」といわれたとき、「いえいえ、うちの子なんて大したこと、ありませんから……」と答えたり、そんなことを思ってもいないのに、自分の息子を「愚息《ぐそく》」といったりしたことがあると思います。直接的でも、間接的でも、もし子どもにかける言葉の積み重ねが、大事なわが子の自己肯定感を下げているのだとしたら……。

早速、今日から、そういう「過剰な謙遜」言葉はNGワードにしていただき、わが子をほめてもらったら、素直にありがとうと返しましょう。そして、「本当にあなたったってダメねー」というような、子どもを否定する言葉がけもいけません。今はできていないけれど、今後はよくなってほしいと願うなら、言葉を選んで、わずかな進歩をほめてあげなければなりません。それと、もう一つ。

子どもの得意なことを見つけ、それを「これだけは誰にも負けない！」というものに育てていきましょう。お子さんの得意なことが、学校の勉強に役立つことなら、親としては応援のしがいがあるとは思いますが、必ずしも、そうでないことでもかまいません。たとえば、近所の電車の駅の名前が全部、順番にいえるとか、車のフォルムを見ただけで車種をいい当てるとか、何でもよいのです。

「これだけは誰にも負けない！」というものがあれば、「自分なんて……」と自己卑下《ひげ》をすることはなくなるからです。

スマホやタブレットと子どもの上手なつき合い方

子育てでは、「自分が親にどのように育てられたか」ということが基準になって、よかったと思うことをわが子にも同じようにしてやり、いやだったと思うことはわが子にしないということがあります。

ところが、スマホやタブレットは、今のお父さん・お母さんの子ども時代にはなかったものです。だから、その扱いをどうしたらよいのか、戸惑うのです。

親たちはそれらがなかった時代を知ったうえで、その便利さを享受《きょうじゅ》しています。だから、**わが子にも、いきなりスマホやタブレットは使わせず、親と同じようにアナログを知ったうえでデジタルへと進めていただきたいのです。**

たとえば、「文字書き」です。宅配便の送り状のように、4~5枚複写になっている紙に自分の名前を書いて、いちばん下の紙にも文字が写っているかどうかを見てみましょう。それができていれば筆圧が育っているので、タブレットに進めてもよいと思います。それには、まず、ボールペンの前に鉛筆です。鉛筆の場合は、力が弱すぎてもだめですが、力を入れすぎても芯《しん》が折れてしまいます。「このぐらいがちょうどいい」というのを感覚的に知ることも大事なことです。

これからやってくるAI時代、人工知能にとってもっとも難しいのは、そういう「このぐらいがちょうどいい」という人間的な感覚なのではないでしょうか。人工知能に、阿吽《あうん》の呼吸がわかり、程よい距離がわかって、人づき合いができるようになると思いますか。最新のロボットにできないことを、子どもは経験によって体得することができるのです。

スマホも同様です。スマホの最大の弱点は、眼球が動かず、画面のほうが動くということです。視線が移るからこそ、その刺激に対して脳内の配線が複雑にからみ合い、高度に発達していくのですが、視線を固定している間は発達しません。

私たち大人が通ってきた「アナログ」の世界も必要なことだったのです。便利さだけにとらわれないよう、便利な道具と上手につき合っていきましょう。

わが子にはまだ無理と、勝手に思わないように

本当は、やらせてみればできるのに、「まだ○歳だから無理」と、親が勝手に先入観を持ってあきらめているケースがよくあります。

先日、7人のお子さんを子育て中というお母さんから、「うちの下から二番目の娘は3歳ですが、保育園へ行く用意は自分でしています」といわれ、「あー、3歳でもできるんだ！」と、目からウロコが落ちる思いをしました。中学生のお兄ちゃんを筆頭に、小学生から乳児まで6人の娘さんのいらっしゃるお宅で、まだ0歳の六女さんをお母さんが見て、お父さんと、お兄ちゃんもパパ役で……、それだけいらっしゃったなら、確かに3歳でも自立への道を早く歩み始めますよね。「必要とあらば、能力が開発される」というのが人間のすごいところです。

大人であっても、たとえば「海外で生きていかなければいけない！」となっ

たとき、英語でも何でも、片言でも、身振り手振りを使ってでも、なりふりかまわず必死に応対しているうちに何とかなるものです。それが幼児期だったら、もっとスマートに対応できるのです。

「まだ言葉もしゃべらない赤ちゃんだから、何もわかっていない」というのは、思い込みです。赤ちゃんは、しゃべれないだけで、親のいっていることはみんなわかっていると思って、笑顔でたくさん語りかけてあげてください。そのほうが、しゃべれるようになってからも、子どもとの意思疎通《いしそつう》はスムーズにいくでしょう。オムツ替《が》えのときも、「気持ちが悪かったよね〜。きれいなオムツに替えようね」と、話しかけながらしてあげてください。

お手伝いも、2歳になったら、「お父さんとお母さんとあなたの分、コップにお水を入れて並べてね」ぐらいのことは、いわれれば、できるのです。2歳からお手伝いをしてほめられて育った子は、自己肯定感の高い子に育ちます。

「まだ○歳だから、さすがに無理でしょう」と決めつけずに、「まだ○歳だけど、うちの子ならできるかも〜♪」と、いろいろチャレンジさせてあげましょう。

右脳教育で親子の愛を深めるための10ヵ条

幼児教育というと、がむしゃらに知的能力を高めるものだという印象があるかもしれません。しかし、七田式幼児教育がいちばんに目指しているのは、親子間の愛を深め、それを通して子どものこころを育てること。やさしいこころ、人を思いやるこころが、持っている能力を最大限に伸ばす土台になる、と考えています。

子どものこころを育てるには、やはり、親の愛をしっかりと伝えるのが基本です。愛されているという実感のある子どもは、こころが穏やかに安定し、親に対する信頼を持つようになります。それが親の思いをきちんと受けとめる気持ちにつながり、さらには人に対するやさしさや思いやりに発展していくのです。

親から子どもに愛を伝え、お互いの愛に根ざした絆を深めていくために、ぜひ、日々の生活の中で実践していただきたい10ヵ条があります。

1　人に親切にする
2　いつも謙虚なこころを忘れない
3　素直な気持ちを持ち続ける
4　つねに感謝のこころを持つ
5　周囲への心配りを忘れない
6　誰にでもいたわりをもって接する
7　笑顔を心がける
8　奉仕を行なう
9　幸せを周囲の人と分かち合う
10　どんなときも自分は幸運だと考える

親がこの10ヵ条を言動の規範にすれば、その姿から自然に愛は伝わりますし、子どももそれに倣《なら》って育っていきます。ところで、あなたは子どもに対しても謙虚なお母さんですか？　子どもがしてくれたことに「ありがとう」といっていますか？　一度、じっくり見直してみては、いかがでしょうか。

「数あそび」で10の合成がスラスラわかる

2歳6ヵ月のNちゃんは、数の取り組みが好きで、なかでも百玉そろばんが大好きだそうです。1ずつ、10ずつ、はじくなどに取り組んでいますが、ある日突然、「1と9で10、2と8で10」といいながら、10の合成をはじいて、あそび始めたそうです。ふだん、教室で百玉そろばんをするとき、1ずつはじくだけではなく、5の合成、10の合成も見せることをしています。その成果が表れたのだと思うと、うれしい気持ちでいっぱいになりました。レッスンでしていることすべてが、子どもたちのよい入力になっているのですね。

「写真記憶」でたちまち英語のスペルを憶える

5歳のAちゃんは、頑張り屋さんの女の子。お母さんが取り組みに熱心で、七田式を心から理解されています。Aちゃんは小さいころから通信で右脳の取り組みをしていました。右脳の教室には8ヵ月前に入室して、元気に頑張っています。ある日、英語クラスを見学したいということで、体験レッスンに参加しました。レッスンでstrawberryの写真記憶をしたときに、Aちゃんは初めての取り組みにもかかわらず、単語のスペルカードを並べることができました。お母さんは、「右脳の取り組みをしていたから、英語のスペルも写真みたいに覚えることができたのだと思う」とおっしゃっていました。右脳の写真記憶は将来、英語を学ぶときにも、とても影響があることを実感しました。

……ともに「教室からの報告」より

七田式教室所在一覧

◎北海道　札幌円山
◎宮城　晃学園仙台／晃学園泉
◎福島　福島／郡山／小名浜
◎茨城　日立／つくば／水戸／東海／鹿嶋／北浦
◎群馬　前橋／伊勢崎／高崎／太田
◎栃木　小山／足利／宇都宮／栃木
◎埼玉　浦和／熊谷／春日部／深谷／川越／川口／大宮／朝霞／東川口／鳩ヶ谷／ふじみの／久喜／上尾たんぽぽ／上尾／越谷レイクタウン
◎千葉　柏／ホテルニューオオタニ幕張／新松戸／津田沼／新浦安／千葉駅前／船橋駅前／新鎌ヶ谷／千葉ニュータウン／船橋／小見川／我孫子／流山おおたかの森
◎東京　成城学園前／亀戸／板橋／高田馬場／門前仲町／三田／渋谷／東武練馬駅前／町田／中目黒／浜田山／春日駅前／大塚／池袋／田端／竹の塚／綾瀬／大井町／勝どき駅前／金町／神楽坂／葛西／五反田／大泉スワロー／練馬／中野／日暮里／麹町／新高円寺／武蔵小山／新宿南口／吉祥寺／三軒茶屋／荻窪／下北沢／府中／赤羽
◎神奈川　宮前平／登戸／横須賀／横浜旭／横浜金沢／横浜港北／横浜都筑／横浜緑／川崎新百合ヶ丘／武蔵小杉／青葉台／ひまわり／上大岡／鎌倉／秦野／川崎駅前／戸部駅前／えびな／ほどがや／相模大野／港南台
◎新潟　上越／新潟／長岡
◎長野　長野南／長野駅前
◎富山　富山
◎石川　かほく／小松／小松北
◎静岡　はままつ／静岡／藤枝
◎愛知　豊田美山／一宮／津島／藤が丘／八事／岡崎駅前／刈谷／豊田駅前／碧南／安城／大池公園／滝ノ水／半田／岡崎／高蔵寺／春日井勝川駅前／大曽根駅前／星が丘
◎岐阜　瑞浪／多治見／大垣
◎三重　鈴鹿／久居／津／松阪

◎京都　宇治／京都／松井山手
◎滋賀　栗東／びわ湖大津
◎大阪　江坂／天六／本町／テンダー泉ヶ丘／テンダー狭山・金剛／交野／フィースト羽衣／フィースト岸和田／フィースト泉佐野／なんば／守口／樟葉／池田／久宝寺／堺東／藤井寺／香里園
◎奈良　王寺／香芝／学園前
◎兵庫　芦屋／西宮北口／池淵スクール加古川駅前／池淵スクール姫路駅前／キャプテン姫路南／園田駅前
◎岡山　三鈴学園さん太／三鈴学園三鈴／三鈴学園西大寺／三鈴学園倉敷／津山／灘崎
◎広島　新井口／東広島／広島／福山
◎鳥取　はなふさ鳥取
◎島根　江津本部／はなふさ松江／はなふさ出雲
◎山口　下関
◎徳島　蔵本／徳島／鳴門
◎高知　いの枝川
◎福岡　新宮／守恒／アップル黒崎／アップル三萩野／那珂川／渡辺通り
◎佐賀　佐賀／鍋島
◎大分　大分明野
◎長崎　いさはや／長崎たらみ
◎宮崎　木城
◎鹿児島　始良／天文館／谷山
◎沖縄　宮古／石垣
(2019.11.1 現在)

〈世界に広がる七田式教育〉

台湾・シンガポール・マレーシア・アメリカ・インドネシア・タイ・オーストラリア・香港・中国・カナダ・ベトナム・ラオス・ミャンマー・カンボジア・イギリス・ルーマニア・インド・韓国
(海外の教室は、原則的に各国の言語でレッスンを行なっています)

※体験予約・お問い合わせ先、住所等詳細、また最新データは、
七田式教育公式サイト(https://www.shichida.co.jp)をご覧ください。
→「七田式」で検索。

◉…おわりに

本書の「33のあそび」の中から、今できることをぜひ子どもと一緒にやってみてください！

子どもの成長は、目の前にいる子どもの姿を通じて初めて、実感することができます。右脳理論やＥＳＰという、本書に時おり出てくる、すぐには理解しにくいような話も、決して机上《きじょう》の空論ではなく、本当にそうだということを、私はわが子三人と正面から向き合い、一人ひとりと体当たりで子育てに奮闘してきて、今、自信を持ってお話しすることができます。

１９８０年代にスタートした七田式教室ですが、初期のころ、教室に通っておられた方は、もうすでに社会人になられています。また、その後、教室に通われているお子さま方も、これから次々と成人されると思いますが、かれらが社会で頭角を現す時代になってくると思うと、とても楽しみなものです。

子どもは本来、みんなやる気まんまんで、知識欲が旺盛です。その「やる気」をどう育てるかは、親をはじめ、子どもを取り巻く大人しだいなのです。

しかし、子どもを育てるというのは、なかなか難しいものです。大人にとっては、仕事や家事のためにも時間が必要ですし、自分の時間も大切です。子どもの教育は大事ですが、ほかのことを全部犠牲にしてでも……というわけにはいきません。だからといって、手をかければ咲く花を、つぼみのままで放っておくのはもったいないことです。

そこで、オール・オア・ナッシングには考えずに、それぞれの家庭で、その時どきに、無理なくできることに取り組んであげればよいのでないかと思います。

本書で紹介した、子どもたちのさまざまな力を育てる「33のあそび」の中の取り組みを、面白がって、子どもと一緒にやってみてください。子どもと一緒に何かをできる時間は、そう長くはありません。子どもは小学生になると、友達とあそぶことと、おけいこ事で忙しくなりますから、しっかり手をかけられるのは、本当は乳幼児期（0〜6歳）だけなのです。

そのかけがえのない時期を親御さんが大切にされて、一人ひとりのお子さまが、これからの日本、そして世界の未来を立派に支《ささ》えていく人として成長され、大輪《たいりん》の花を咲かせられんことを心から願っています。

２０１９年2月

七田《しちだ》　厚《こう》

●…著者プロフィール

七田 厚(しちだ・こう)

七田式創始者七田眞の次男。1963年島根県生まれ。東京理科大学理学部数学科卒業。1987年より株式会社しちだ・教育研究所代表取締役社長。七田式主宰。東久邇宮記念賞受賞(2006年7月)。

七田式教室は、国内だけでなく、台湾、シンガポール、マレーシア、アメリカ、インドネシア、タイ、オーストラリア、香港、中国、カナダ、ベトナム、ラオス、ミャンマー、カンボジア、イギリス、ルーマニアなど世界に広がっている。

おもな著書に、『忙しいママのための 七田式「自分で学ぶ子」の育て方』(幻冬舎)、『七田式 子どもの才能は親の口グセで引き出せる!』『七田式 頭が鋭くなる大人の算数ドリル』(ともに青春出版社)などがある。


本書は、『[七田式]子どもの「天才脳」をつくる33のレッスン』(実業之日本社・2010年)を改題、内容を一部加筆・修正し、再構成したものです。

できる子《こ》が育《そだ》つ
七《しち》田《だ》式《しき》 親子《おやこ》あそび33

第1刷 2019年 3月31日
第2刷 2019年11月25日

著 者 七田 厚
発行者 平野健一
発行所 株式会社 徳間書店
〒141-8202 東京都品川区上大崎 3-1-1
目黒セントラルスクエア
電話（編集）03-5403-4350 （販売）049-293-5521
振替 00140-0-44392
印刷・製本 大日本印刷株式会社

ISBN 978-4-19-864797-1